U0812191

[illegible]人哭啼七 [illegible]

[illegible]只冷宫 又如[illegible]

[illegible]訴勿高声 [illegible]如[illegible]

身后各知只事机 宫人随娘不冷宫

訴娘七禁冷宫 [illegible]說身府不家[illegible]

天头哭痛老爷 被奸所害随阴行

州過了又一州 路上行行心头忧

[illegible]

中国方言民俗图典系列 · 第一辑

编委会

主　　任　王旭明

副 主 任　王晓庆

执行主任　李守业

学术秘书　刘晓海

编　　委　曹志耘　冯良珍　傅雪梅
顾　黔　侯精一　李守业
李永新　刘晓海　王晓庆
王旭明　邢向东　严修鸿
张双亭　张燕芬　章承董
赵日新　庄初升

国家出版基金项目
NATIONAL PUBLICATION FOUNDATION

“十二五”国家重点图书出版规划项目

中国方言民俗图典系列·第一辑

主编 侯精一 李守业 曹志耘

揭阳方言民俗图典

张燕芬 欧俊勇 谢燕藩 著

语文出版社
·北京·

图书在版编目（C I P）数据

揭阳方言民俗图典 / 张燕芬，欧俊勇，谢燕藩著
. -- 北京 : 语文出版社，2014.12
（中国方言民俗图典系列. 第1辑）
ISBN 978-7-80241-537-9

Ⅰ. ①揭… Ⅱ. ①张… ②欧… ③谢… Ⅲ. ①闽语－介绍－揭阳市②风俗习惯－介绍－揭阳市 Ⅳ. ①H177 ②K892.465.3

中国版本图书馆CIP数据核字(2014)第103030号

策划编辑 慈 舒 傅雪梅
责任编辑 章承董
装帧设计 奇文云海·设计顾问
出　　版 语文出版社
地　　址 北京市东城区朝阳门内南小街51号 100010
电子信箱 ywcbsywp@163.com
排　　版 奇文云海·设计顾问
印刷装订 北京顺诚彩色印刷有限公司
发　　行 语文出版社 新华书店经销
规　　格 787mm×1092mm
开　　本 1/16
印　　张 19.25
字　　数 363千字
版　　次 2014年12月第1版
印　　次 2014年12月第1次印刷
印　　数 1-1,500
定　　价 98.00元

010-65253954(咨询) 010-65251033(购书) 010-65250075(印装质量)

〔总序〕

现代方言民俗文化是中华民族文化的延续、依托。它作为传统文化渗透、蔓延于当今社会生活的多个层面。现代方言民俗文化又是重要的非物质文化遗产资源。随着社会的快速发展，不少方言民俗已经消失或面临消失。因此，调查和挖掘这些非物质文化遗产资源，意义重大，时不我待。

“中国方言民俗图典系列”（第一辑）是2010年度国家出版基金资助项目，2011年列入“十二五”国家重点图书出版规划。第一辑共计十卷，涉及官话、晋语、吴语、徽语、粤语、平话、闽语、客家话等八个方言区。各卷内容主要包括房舍建筑、日常用具、服饰穿戴、饮食起居、农工百艺、婚育丧葬、岁时节令、游戏娱乐、宗教信仰等。

“百里不同风，千里不同俗，户异政，人殊服。”（《汉书·王吉传》）方言民俗是地域文化的重要内容，具有明显的地方性。以民居文化为例，各地多有不同，如北京的四合院，平遥的窑儿、四合头院、二（三）进院，汤溪的屋、老屋，梅州的围龙屋、碉楼，揭阳的四点金、下山虎。“中国方言民俗图典系列”融合现代方言与各地民俗文化，采用方言词语加注国际音标并配以图片的方法，反映和保存现代方言与其所承载的地方民风与民俗，是方言研究与民俗文化研究相结合的有益尝试。

城镇化的发展，势必带来传统村落的消亡，以及与此伴随的民俗文化的消失。“中国方言民俗图典系列”（第一辑）的出版，正是对濒临消失的“一种传统”“一种民族符号”以至“一种语音”的有效保存，无疑具有重要的历史意义与人文价值。以下略举数例：

在《平遥方言民俗图典》中收有“墙围子”“炕围子”两个条目及相关的文字说明和图片。

墙围子 [tɕyə^{13}uei^{31}tsʌʔ^{13}]　房间内墙壁上用油漆制作的装饰性彩色围墙。制作方法是，先以麻纸贴墙，绘画打底，再刷以油漆。其位置在第十八层墙砖之上，高约50厘米。（当地称作“十八层缠腰”）边框多以回纹组成，寓意“富贵不断头”。所绘内容多为山川景致、花卉人物及神话传说，如二十四孝图等。内涵丰富，寓意深厚。

炕围子 [k^{h}uə^{35}uei^{53}tsʌʔ^{31}]　沿炕用油漆制作的彩色围墙图画，既美观且实用，极具装饰性。制作方法及所绘内容与“墙围子”同。

“墙围子”“炕围子”又称作“民间墙围画”。墙围画始于宋代，发展于明清之交，至今流传于山西、陕西、内蒙古等地区。晋北原平县的墙围画素负盛名，中国美术馆曾予以收藏、展出。

从《平遥方言民俗图典》收录的条目与图片中还可看到平遥保存的以“卐”为标识的吉祥文化。如正月初八祭星蜡烛摆成的“卐”字、出殡时曾孙包头上的“卐”字等。“卐”，音wàn，梵文，意为吉祥万德之所集。（见《辞源》《辞海》）“卐”崇拜现象作为传统地域文化的缩影在今平遥随处可见。（冯良珍、陈晨《平遥民俗中的卐崇拜现象探析》，《中原文化研究》2014–2）

《汤溪方言民俗图典》有关于“五道太婆”的记载：“在笔者的家族中，也流传着一个‘五道太婆’[ŋ^{11}də^{11}t^{h}ɑ^{24}bɤ^{0}]的传说，相传她是蛇精所化的神，擅搬运之术。”山西平遥方言有“五道爷”[uʌʔ^{53}tɔ^{35}iɛ^{13}]、“五道娘”[uʌʔ^{53}tɔ^{35}ȵiɑ^{13}]（传说中的神灵）。北京有五道庙，在西城区铁树斜街与樱桃斜街之间的路口处。五道神早在汉魏典籍中就有记载，唐宋以后对该神的信仰已深入民间，到明清时则更为普遍。（薛文礼、郭永平《晋北部落村的五道神：民间信仰的“冷热”反思》，《民族文学研究》2011–3）各地方言民俗有关五道神的不同说法，是宗教文化的历史积淀在不同地域文化中的显现。

“中国方言民俗图典系列”（第一辑）各卷的作者对当地方言文化素有研究，为做好本项目，于紧张的教学之余，多次下去进行调查、拍摄图片，几易其稿，备尝辛苦。限于篇幅，每卷只能选用一定数量的条目及相应的照片，其余只好割爱。我们期待这套书的出版，能引起社会对保存方言及方言民俗文化的关注，尽可能为后人留下一些珍贵的历史文化资料。

侯精一　李守业　曹志耘

于2014年初春

目录

〔引 言〕

一 地理、历史和人口概况

揭阳市地处粤东，东边是汕头和潮州，西边是汕尾，南边是南海，北边是兴宁、梅州。全市面积 5240.5 平方公里，大陆海岸线长 136.9 公里，沿海岛屿 30 多个。境内西北、西南多丘陵、山地，中部往东以及南部则以平原居多，大小河流交错其中。

揭阳历史悠久，得名于标志“岭南”的五岭之一（晋裴渊《广州记》：大庾、始安、临贺、桂阳、揭阳，是谓五岭。参见骆伟、骆廷辑注《岭南古代方志辑佚》）。公元前 214 年，秦设立揭阳戍守区，隶属南海郡；公元前 111 年，汉武帝设揭阳县，管辖现粤东的潮州、汕头，东北部的兴宁、梅州以及福建境内的龙溪、漳浦等地区；东晋时期，揭阳分立为海阳、潮阳、海宁、绥安四个县，到 1140 年（属宋绍兴年间）才又设立揭阳县。榕城区的“进贤门”[$tseŋ^{42}hiaŋ^{11}mɯŋ^{55}$]（见图 0–1）是揭阳古城的标志性建筑，位于古城东、北二城门之间，始建于明代，至今已有近四百年的历史。

新中国成立后，揭阳县先后隶属潮汕专区、粤东行政区、汕头专区、汕头市，1991 年撤县建市，现管辖榕城区、揭东区、蓝城区、空港经济区及揭西、惠来二县，并代管县级市普宁。

截至 2010 年底，揭阳市的人口共有 661.79 万，其中汉族人口占 99.99%，另有回、满、苗、壮、黎、傣、京等少数民族。此外，揭阳有港澳台同胞和旅外华侨 320 万人。

图0－1 进贤门

二　方言民俗文化

揭阳又称“榕城”[ioŋ^{11}siã^{55}]，下设榕城区，市区街道榕树林立，有“榕江”[ioŋ^{11}kaŋ^{33}]过境（见图 0–2）。榕江发源于梅州市丰顺县，流经揭阳境内的揭西县、揭东县和市区，是境内最大的深水河。

榕树是揭阳的“市树”，同时也代表了揭阳的文化传统，它是揭阳人心中的守护神，几乎每个村庄都有一棵或几棵大榕树，许多榕树树龄已达几百年之久。这些榕树或种在村口，或种在宗族祠堂前。“榕”在揭阳口语中念[seŋ^{55}]，与“神”“成”同音，“榕城”的“榕”[ioŋ^{55}]是文读音。“榕”[seŋ^{55}]本身已经包含“树”的意义，不必称呼“榕树”。“榕”与“神”同，正合揭阳人的心理，不少村子里的“榕”往往代表着某位神明，关于“榕”（“神”）佑本村的故事在许多村庄都有流传，多数人依然耳熟能详。不少“老爷宫”[lau^{11}ia^{11}keŋ^{33}]（供奉神明的庙宇）就建在榕树下，榕树与神明一起接受信众的跪

图0－2 榕江

图0－3 榕树（1）

图0－4 榕树（2）

拜和供养（见图 0–3、0–4）。榕树生机蓬勃，枝叶繁茂，象征着揭阳人吃苦耐劳、积极进取的人生观。解放前很多揭阳人远渡重洋，在异国他乡建功立业，解放后一代又一代的揭阳人外出到珠三角打拼，同样闯出了一片天地。

在揭阳的村落建筑中，前榕后竹（见图 0–5）是常见的景象。“榕”[seŋ^{55}]和“竹”[tek^{2}]在揭阳方言中分别与“成”和“德”同音，有着美好的寓意，传统的婚嫁、治丧以及游神活动中都经常会用到它们的枝叶，正月十一还有专门采摘榕树枝和竹枝的活动。

揭阳人普遍具有祖先崇拜的传统，讲究宗族和血缘关系，多数村落是同姓聚居，且同出一脉。有不少村庄以姓氏来命名，如“倪厝”[goi^{55}ts^{h}u^{21}]、“纪厝”[ki^{53}ts^{h}u^{21}]、

“许厝”[$k^hou^{53}ts^hu^{21}$]、“洪厝”[$aŋ^{55}ts^hu^{21}$]、“罗厝”[$lo^{55}ts^hu^{21}$]、“林厝”[$lim^{55}ts^hu^{21}$]等。“厝”[ts^hu^{213}]是闽方言特有的方言词，指房子。近年来由于地名改革，不少以姓氏命名的村名被新的村名所取代，像揭东县新亨镇“倪厝”，现在称“硕和村”[$siaʔ^4hua^{11}ts^huŋ^{33}$]，后者是行政区划所认可的村名，但在老一辈人的口中，“倪厝”仍然是无法改口的称呼，本村的村民仍以“倪厝”自称居多，因此村前“硕和村”立小碑而“倪厝”建大门楼（见图 0–6），可见宗族姓氏在当地人心中分量之重。

图0－5 前榕后竹

图0－6 “倪厝”门楼

对“榕”“神”和祖先（由“神”及“鬼”）的敬仰决定了揭阳人一年的生活重心，除了维持生计而必不可少的劳作之外，祀神和祭祖便是生活中最主要的事了，乃至重要的节日里，为了祭祀暂时放下手中的农活也是必须的。揭阳人把所有的神明统称为“老爷”[$lau^{11}ia^{55}$]，各地正月或二月都有盛大的“营老爷”[$i\tilde{a}^{55}lau^{11}ia^{55}$]活动，主要环节包括游神和祭拜（见图 0–7），都需花费巨大的人力物力。此外，时年八节都必须拜祭村里的各路神明，必须拜祭自己的祖先，更有不少虔诚者逢农历的初一、十五都会到各路神明前跪拜，如遇各路“老爷生”[$lau^{11}ia^{11}s\tilde{e}^{33}$]（神明的生辰），更是供品丰盛、纸钱繁多。虔诚的“老爷”[$lau^{11}ia^{55}$]信仰带来的不只是节日的忙碌，就连婚丧生育都离不开对神明的祭拜。很多传统活动都与神明相关，这些不仅仅是各种民风民俗的传承，更是内心的强烈信仰所带来的自发、虔诚的供养。

祭祀之事杂乱繁多，女人则是这些活动的主要承担者。每逢祭祀，她们就要制作各

图0－7 拜老爷

种各样的供品，购买各式纸钱，进行祭拜。男主外，女主内，家里的活儿都是女人的，在忙完家务、照顾好老人孩子之余，女人还得做各种各样的手工帮补家用。揭阳的女人是能干的，然而，在揭阳这个以宗族为主要单位的地区，旧时女人的地位却是卑微的（如今有所改善），“三从四德”是对女孩的传统教养，揭阳的民俗中也有不少体现了“男女有别”的传统。

揭阳与潮州、汕头共同组成被称为“省尾国脚”的潮汕地区，这一地区文化上具有相当高的一致性，历来有人将这种文化称为潮汕文化。揭阳地区的各种传统民俗自然也不是独一无二的，而是与潮汕其他地区相同、相近的。潮汕地区的语言尽管口音上略有差别，但各地之间通话基本没有问题，各种事物、称谓的方言用字也趋于一致。因此，展示揭阳的民俗、文化，从某种程度上也是展示整个潮汕地区的民俗、文化。

潮汕居民大多来自中原世家，其文化和习俗不少是古风的延续。潮汕地区素有“海滨邹鲁”的美称，儒家思想对潮汕大地同样有着广泛的影响。从宗族的以孝为美，到各种节日的礼俗，再到丧葬的仪礼，以揭阳为代表的潮汕地区都很好地保留了中华民族的主流文化传统。

三　方言概况

揭阳境内分布着闽（闽南）方言和客家方言两种大的方言。闽方言在当地称为“潮汕话”[tio^{11}suã^{33}ue^{11}]，在语言交际和人口来源上占绝对优势，在当地是无标记的语言，处于弱势的客家方言则是有标记的，说客家方言的人会被指出语言不同。揭阳境内的客家人约有 90 万，客家方言俗称“客家话”[k^{h}eʔ^{4}ke^{33}ue^{11}]，说客家话的人被称为“半山客”[puã^{42}suã^{33}k^{h}eʔ^{2}]。也有揭阳人直接模仿客家话称客家人“讲客”[koŋ^{53}k^{h}ak^{2}]。当地的客家话中夹杂了很多潮汕方言的成分，因此被潮汕居民戏称为与兴宁、梅州等地不同的“咸水客”[kiam^{11}tsui^{13}k^{h}eʔ^{2}]。揭东、揭西、普宁、惠来等地都有客家人居住，其中揭西的客家人最多，占全县人口一半以上，但完全操客家话的只有揭西和普宁的一二十个乡镇，其他的多数是闽客兼用，还有一些客家方言区完全转用潮汕话。

壹·房舍建筑

图1－1 房舍建筑

潮汕有句俗语“潮州厝$[tio^{11}tsiu^{33}ts^{h}u^{213}]$，皇宫起$[uaŋ^{11}keŋ^{33}k^{h}i^{53}]$”，说的是潮汕地区（包括揭阳）的房舍住宅能与皇宫的建筑相媲美。这一方面体现在以宗族为核心的合院式格局，建筑的中心是祠堂或祭祖的所在，居住区域的分配依辈分的高低来安排；另一方面，主人对房舍的装饰也极为讲究，从外到里，雕花、漆画、灰塑、嵌瓷，不但精美而且具有文化内涵，尽显“海滨邹鲁”的风采。

一　住宅

揭阳人注重风水，最初的村落选址和住宅的方位、朝向等都是根据阴阳五行八卦等理论来确立的。揭阳境内多山多水，村落大都依水流和山脉而建，前有流水、后有山丘是最理想的揭阳村落样式。揭阳话中大的水流称“江”[kaŋ^{33}]（境内主要有榕江和练江），村落首先考虑沿江而建；若无大江，则沿“溪”[kʰoi^{33}]（水流量相当于小河。见图 1–2）而建；若无活水流经，那就挖渠引水，挖地成“池”[ti^{55}]（池塘。见图 1–3），池塘是最低的要求。可见，水在揭阳地区的村落建筑中是不可或缺的。

揭阳地区房舍的样式主要有“四点金”[si^{42}tiam^{13}kim^{33}]、“下山虎”[hia^{11}suã^{33}hõu^{53}]、“五间过”[ŋou^{11}kãi^{33}kue^{213}]、“三座落”[sã^{33}tso^{11}loʔ^{5}]和“竹篙厝”[tek^{4}ko^{33}tsʰu^{213}]等，住宅多数坐北朝南。其中“四点金”“下山虎”等院落式的建筑秉承了北方中原地区的合院式建筑风格，讲求中轴对称、主次分明，以天井为中心，窗户朝内开，对外顶多只开一两个小窗户，有的甚至一个都不开。房舍的宽度一般是“十二缝”[tsap^{2}ʥi^{11}pʰaŋ^{11}]、“十三缝”[tsap^{2}sã^{33}pʰaŋ^{11}]和“十五缝”[tsap^{2}ŋou^{11}pʰaŋ^{11}]。“缝”[pʰaŋ^{11}]是屋顶瓦片的列数，一

图1－2 溪

图1－3 池

图1－4 四点金（1）

图1－5 四点金（2）

列为“蜀（一）缝”[tsek^{2}p^{h}aŋ^{11}]。“十二缝”“十三缝”是普通的住宅，“十五缝”的多为祠堂，大的祠堂甚至达到“十七缝”[tsap^{2}ts^{h}ek^{4}p^{h}aŋ^{11}]乃至“十九缝”[tsap^{2}kau^{13}p^{h}aŋ^{11}]。

四点金 [si^{42}tiam^{13}kim^{33}]

是揭阳及潮汕其他地区最具特色的住宅，因四面“金”字形山墙（俗称“风头阝不”[huaŋ^{33}t^{h}au^{11}pui^{33}]。见图 1–6）而得名。房舍为三开间，二进，中轴为“前厅”[tsãi^{11}t^{h}iã^{33}]、“天井”[t^{h}ĩ^{33}tsẽ^{53}]和“后厅”[au^{11}t^{h}iã^{33}]，左右从前往后为“前房”[tsãi^{11}paŋ^{55}]、“伸手”[ts^{h}uŋ^{33}ts^{h}iu^{53}]和“后房”[au^{11}paŋ^{55}]，前后房各两间。房舍以天井为中心，以后进为主座，后进屋顶比前进高，房间进深长度也超过前房。后厅是供奉祖先和招待客人的场所，两边的房间为长辈的住房，晚辈只能住在前厅两边的房间。天井两边的“伸手”可以封闭也可以敞开，“伸手”与前房后房之间的过道称为“八尺”[poiʔ^{4}ts^{h}ioʔ^{2}]或“格仔”[keʔ^{2}kiã^{53}]，常在此设旁门通往巷子，旁门俗称“子孙门”[tsɯ^{13}suŋ^{33}mɯŋ^{55}]（见图 1–7），“后房”前的“八尺”也常作为厨房使用。

图1－6 风头阝不

下山虎 [hia^{11}suã^{33}hõu^{53}]

也常称为“三间两伸手”[sã^{33}kãi^{33}nõ^{11}ts^{h}uŋ^{33}ts^{h}iu^{53}]，大门开在侧面的又称“趴狮”[p^{h}a^{33}sai^{33}]，格局是“四点金”的简省，减少了前进，因把“伸手”比作虎的前腿

图1－7 子孙门

图1－8 下山虎

而得名。“下山虎”占地面积相对较少，天井和大门之间只有狭小的空间（见图 1–9），在潮汕这个人多地少的地方很受欢迎，是最常见的传统住宅样式。

五间过 [ŋou^{11}kãi^{33}kue^{213}]

“四点金”横向扩大为五间就是“五间过”，房子的整体面积大大扩大，前后进各比“四点金”多出两间房，天井的面积也比“四点金”大。

三座落 [sã^{33}tso^{11}loʔ^{5}]

又称“三厅□”[sã^{33}tʰiã^{33}tʰaŋ^{213}]，意为三厅相通，是“四点金”的纵向扩充。三进的高度和“四点金”一样都是后比前高，也就是后进高于中进，中进高于前进，寓意“步步高”[pou^{11}pou^{11}kau^{33}]。后进大厅是祭祖的场所，左右房间则是内眷居所，大房或家长一般住在中厅两边的房间。

图1－9 天井和大门之间

图1－10 五间过

两落两从厝 [nõ¹¹loʔ⁵nõ¹¹tsoŋ¹¹tsʰu²¹³]

在"四点金"的左右加建"从厝"，主座和"从厝"之间有"厝巷"[tsʰu⁴²haŋ¹¹]，"从厝"一般为五开间，为晚辈的住所。有的将主座的"伸手"和"厝巷"打通，使天井东西南北向都是厅，带来"四厅相向"[si⁴²tʰiã³³siaŋ³³hiaŋ²¹³]的格局。

图1－11 三座落

驷马拖车 [si⁴²be¹³tʰua³³tsʰia³³]

一种规模巨大的住宅，也就是"三落四从厝"[sã³³loʔ⁵si⁴²tsoŋ¹¹tsʰu²¹³]，多由有钱有地位的人家兴建。以"三座落"为主座，前有"阳埕"[iaŋ¹¹tiã⁵⁵]，后有"厝包"[tsʰu⁴²pau³³]和天井，左右各有两条"厝巷"和"从厝"，规模更大的左右由四座"四点金"包围。

图1－12 两落两从厝

百鸟朝凰 [peʔ⁴tsiau⁵³tsʰiau¹¹huaŋ⁵⁵]

揭阳地区的最大型的豪宅，也称"百鸟朝凤"[peʔ⁴tsiau⁵³tsʰiau¹¹hoŋ³⁵]，俗称"百间厝"[peʔ⁴kãi³³tsʰu²¹³]。主座为三进或四进，作为祠堂使用，四周围绕着"下山虎""四点金"

图1－13 驷马拖车（1）

图1－14 驷马拖车（2）

或者平房，共有一百间房屋。榕城“丁日昌纪念馆”[teŋ^{33}dʑek^{2}tsʰiaŋ^{33}ki^{42}niam^{11}kuaŋ^{53}]、普宁“德安里”[tek^{4}aŋ^{33}li^{53}]的老寨和揭西的“郭氏大楼”[kueʔ^{4}si^{11}tua^{11}lau^{55}]是其典型代表。

有些“百鸟朝凰”的最后一进为两层，楼层用木板铺设，称为“后楼”[au^{11}lau^{55}]（见图 1–16）。后楼高于前面各进，通风好，能将前面的风景尽收眼底，又可营造高低层次之感。

天井 [tʰĩ^{33}tsẽ^{53}]

为合院式建筑的中心，无论是“四点金”，还是“下山虎”“驷马拖车”等建筑样式，其内部都有天井。天井具有采光、通风和排水的作用，多为长方形或正方形。从传统“风水学”来看，天井象征财和禄，能“养气”，房间窗户多朝天井而开，由此吸收天地之灵气。天井或用石板砌成，或用贝灰等材料铺设。水井是必有之物，莲缸、花盆也是常见的摆设。

图1－15 百鸟朝凰（德安里老寨）（吴流生提供）

塌肚门楼 [tʰap^{2}tou^{13}mɯŋ^{11}lau^{55}]

是“四点金”等合院式住宅以及祠堂常用的大门样式，其特点是向内凹进，有的有木质或石质的立柱。揭阳人非常重视门面的装饰，宽阔的门楼不会只有空白的墙，三面

图1－16 后楼（郭氏大楼）

图1-17 天井（1）

图1-18 天井（2）

墙壁常有彩绘（见图 1–20）、灰塑（见图 1–21）或名家题字（见图 1–22）。彩绘和灰塑的内容多是一些有着美好象征意义的人、动植物或历史故事，如“麒麟”[k^{h}i^{11}leŋ^{55}]、“象”[ts^{h}iõ^{35}]、“狮”[sai^{33}]、“鹿”[tek^{5}]、“梅”[bue^{55}]、“兰”[laŋ^{55}]、“菊”[kek^{2}]、“竹”[tek^{2}]，以及“松鹤延年”[soŋ^{33}hoʔ^{5}iaŋ^{11}nĩ^{55}]、“三星拱照”[sã^{33}ts^{h}ẽ^{33}kioŋ^{13}tsio^{213}]等。其中，“周不错”[tsiu^{33}puk^{4}ts^{h}o^{213}]彩绘是具有揭阳特色的题材，以传统潮剧剧目《周不错》为底本，用多幅图展示了主要的剧情。

厝巷 [ts^{h}u^{42}haŋ^{11}]

房子与房子之间的小路称为“厝巷”，“四点金”[si^{42}tiam^{13}kim^{33}]等主座与“从厝”[tsoŋ^{11}ts^{h}u^{213}]之间也有“厝巷”，多设小门，左右各一个。这些门只是通往“厝巷”的出入口，不一定有可以开关的门板，但是，其上方仍然和木质门一样会写上一些励志或吉祥的字句，像“慎思笃行”[sim^{11}sɯ^{33}tok^{4}kiã^{55}]、“燕翼贻谋”[ĩ^{42}ek^{5}i^{11}mou^{55}]等。

图1-20 彩绘（周不错）

图1-21 灰塑

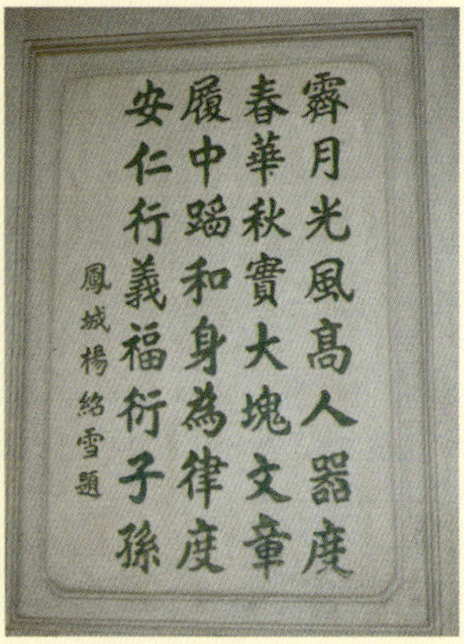

图1-22 名家题字

图1－19 塌肚门楼

“驷马拖车”和“百鸟朝凰”主座与从厝之间的巷道较宽，俗称“火巷”[hue^{13}haŋ^{11}]或“花巷”[hue^{33}haŋ^{11}]（见图 1–24）。

图1－23 厝巷

竹篙厝 [tek^{4}ko^{33}ts^{h}u^{213}]

也称“巷厝”[haŋ^{11}ts^{h}u^{213}]，是穷苦人家的住宅或临街的住宅，占地面积较小，往往几间甚至十几间相连（见图 1–25），因格局像长而直的竹竿而得名。“竹篙厝”最简单的只有“□囝”[se^{11}kiã^{53}]和“厝内”[ts^{h}u^{42}lai^{35}]（见图 1–26）。前者一般作为厨房使用，困难时期有些人家还隔出一边养猪；后者则是房间和客厅，除了放一张床外，剩下的空间就是摆放沙发和电视。较长一点儿的竹篙厝则前带小院后带天井，可供使用的空间相对大一些。

传统的竹篙厝在屋前或屋后设排水沟，俗称“水漏沟”[tsui^{13}lau^{11}kau^{33}]或“漏水沟”[lau^{11}tsui^{13}kau^{33}]（见图 1–27）。

图1－24 火巷

图1－25 竹篙厝（1）

图1－26 竹篙厝（2）

农村的竹篙厝每间房子前面设独立的废水坑，俗称“屎沟”[sai^{13}kau^{33}]，一头连着屋里，一头通向“水漏沟”。家庭的各种污水先排向“屎沟”，“屎沟”满了便流向“水漏沟”。过去的人家在家里养猪，粪便收集在“屎沟”里，没等满了便被挑到田地里作为肥料。如今养猪户越来越少，“屎沟”的蓄肥功能基本消失，仅仅是排污水的通道了。

门 [mɯŋ^{55}]

揭阳地区房舍的门多为木质，大门小门皆是，前有“门环”[mɯŋ^{11}huaŋ^{55}]（见图 1–28），后有“门串”[mɯŋ^{11}tsʰuã^{213}]（即门闩。见图 1–29）。门上大多会写上一些勉励的词语或吉祥的词语，像“源远流长”[ŋuaŋ^{55}iaŋ^{53}liu^{55}tsʰiaŋ^{55}]（见图

图1－27 水漏沟

1–30）、“千祥云集”[tsʰãi^{33}siaŋ^{55}huŋ^{11}tsip^{5}]、“前程似锦”[tsãi^{11}tʰiã^{55}sɯ^{11}kim^{53}]、“植玉培兰”[sek^{4}gek^{5}pue^{11}laŋ^{55}]、“绳其祖武”[seŋ^{11}kʰi^{11}tsou^{13}bu^{53}]等，上世纪五六十年代还有像“劳动光荣”[lau^{11}toŋ^{35}kuaŋ^{33}ueŋ^{55}]之类的。到了现代，铁门开始流行，门上题字的传统依然流传，方式当然就由写改为铸了。

图1－28 门环

豪华的住宅内部房间的门都安装木门板，雕花漆画，极尽天工。有些还在后厅或中厅安装可以拆卸的木门，俗称“闪$^{=}$门”[siam^{13}mɯŋ^{55}]（见图 1–31）。

固定门的门框称为“石门斗”[tsioʔ^{2}mɯŋ^{11}tau^{53}]（见图 1–32），上方的石条一截嵌在墙体里，一截突出以固定门（见图 1–29），因为多用石头做成，故有“石门斗”之名。新式的也有用大理石制作的，更为光滑、美观。

图1－29 门串

图1－30 门上题字

门框的底部称为“门第”[mɯŋ^{11}tãi^{35}]（见图 1–33），一般比较高，小门约 15 厘米，大门则高达 21 厘米。出入的时候腿必须抬高，小孩往往容易被绊倒，然而“门第”却没有因此而降低高度。按照当地的说法，“门第”是不允许站的，否则会被认为没有礼貌，也有的说小孩站“门第”会长不高、长不大，总之，经过的时候只能跨，不能踏。

图1－31 闪$^{=}$门

门簪 [mɯŋ^{11}tsam^{33}]

揭阳地区合院式大门的“石门斗”上都有门簪，这些门簪仅仅起着装饰作用，不具备结构功能，这与门框的石头材质有不可分割的联系。揭阳过去的门框多为木质，明代建筑未见石质门框，清代才多为石质门框。木质门框上都有门簪，起连接和装饰作用，揭阳市区明代建筑郭之奇

图1－32 石门斗

图1－33 门第

进士府可为代表。揭阳气候湿润，木质门框容易受潮腐朽或者遭遇虫蛀，而当地石材较多，木质门框便逐渐被石质门框所取代。传统门簪兼具结构和装饰功能，石质门框不再需要门簪的连接功能，石头上也很难再钻榫眼，然而人们仍然钟爱门簪的装饰功能，因此将门簪的形式改变。揭阳地区的门簪采用官印式，篆刻在石质门框上，略略高出门框平面（见图 1–34），多为方形，少数为圆形，一门两簪较普遍，个别有一门四簪的。门簪以篆书居多，有一簪一字的，也有一簪两字的，多为祈福的字眼，如“福一寿”“诗一礼”“富贵一财丁”“诗礼一传家”等。

□门 [ts^{h}ua^{13}mɯŋ^{55}]

指歪门。不少揭阳人信风水，住宅的大门朝向很有讲究，须由风水先生决定。如果所定大门的朝向与整座房舍的坐向不一致，需要将门歪斜，即使这种不一致就那么一点儿，也是不可将就的。如图 1–35，门框与上面的壁画并不平行，门略朝向右，正是风水要求所致。揭阳人很重视门的安装，“安门”[uã^{33}mɯŋ^{55}]（安装门）的日期和时辰都由风水先生选定。古时还常在石制横梁和门柱之间放置铜钱，以图驱邪纳吉。

图1－34 门簪

图1－35 □门 [ts^{h}ua^{13}mɯŋ^{55}]

龙虎门 [leŋ^{11}hõu^{13}mɯŋ^{55}]

是合院式建筑的门楼，多不设作为开关装置的门。一些院落面积较大，往往筑三面围墙将“前埕”[tsãi^{11}tiã^{55}]（房子前面的空地）围起来，大门对着的那处围墙多数建得略有弧度，一般会加高，最高处能高出 40 厘米，就是所谓的“平光头”[p^{h}eŋ^{11}kuaŋ^{33}t^{h}au^{55}]（见图 1–36）。平光头大概相当于照壁，向内的一面常有彩绘或瓷塑。整个围墙也称为“风围”[huaŋ^{33}ui^{55}]。龙虎门连着围墙，在主座的左边是“龙门”[leŋ^{11}mɯŋ^{55}]，右边为“虎门”[hõu^{13}mɯŋ^{55}]。有时风水所需，龙虎门由单独的门变为在同一个门楼的一里一外开两个门，一圆一方，两个门中间有一定间距，形成“门楼厅”[mɯŋ^{11}lau^{11}t^{h}iã^{33}]（见图 1–37）。对于主座而言，有门楼厅等于多了一个厅。人们认为门楼厅的角度能影响甚至改变主座的风水。

墙 [ts^{h}iõ^{55}]

揭阳地区传统建筑的墙多由版筑夯土而成（见图 1–38），境内现存最早的夯筑墙历史可追溯到宋朝。夯土筑墙的方式在殷商时代就已经出现，成本较低，防风防火的性能很好，但建造时需要费比较大的人力，而且使用时间长了墙体容易开裂，不美观。随着生活水平的提高和建筑材料的不断更新，再加上红土开采的限制，夯土筑墙的方式几乎绝迹。

图1－36 平光头

图1－37 门楼厅

传统住宅房屋正面的墙称为“马面”[be^{13}meŋ^{11}]，房屋后面的墙称为“后阫墙”[au^{11}pui^{33}ts^{h}iõ^{55}]，两边如上文所述称“风头阫”[huaŋ^{33}t^{h}au^{11}pui^{33}]。“竹篙厝”中间的墙称为“大阫”[tua^{11}pui^{33}]，为相邻的两间房子所共用。

图1－38 墙

有少数房舍没有使用夯土墙，用的是“涂角”[tʰou¹¹kak²]（见图 1–39），也就是泥块。这种泥块是用田泥压制晒干而成，每块重达 10 千克，由它建筑的墙同样坚固（见图 1–40），因此乡镇中两三层的楼房也有用“涂角”建造的。

厝顶 [tsʰu⁴²teŋ⁵³]

就是屋顶。揭阳地区的屋顶为人字形硬山屋顶（见图 1–41），坡度较缓，较能抵抗台风。“厝顶”两坡交接砌成“厝脊”[tsʰu⁴²tsek²]（屋脊），过去富人家前厅门楼的“厝脊”

图1－39 涂角

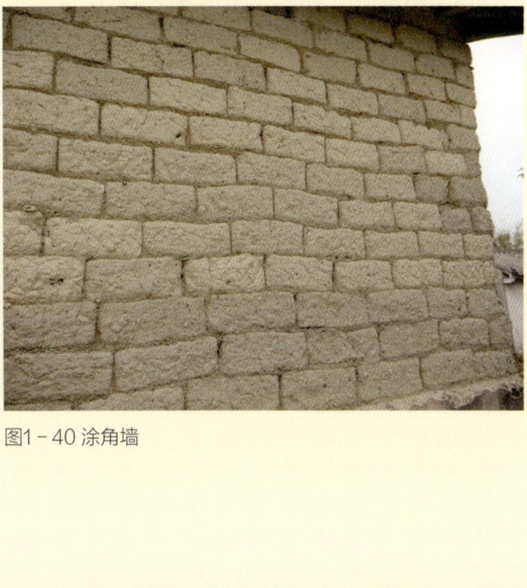

图1－40 涂角墙

图1－41 厝顶

朝前的一面会加上砖雕、泥塑或者瓷塑（见图 1–43）。从山墙最高处或屋脊两边到屋檐这一段称为“垂带”[$sui^{11}tua^{213}$]，往往也是屋顶装饰所在（见图 1–44、1–45）。

厝角头 [$ts^hu^{42}kak^4t^hau^{55}$]

屋脊的两头，也就是墙头，是房屋的最高点。揭阳地区建筑讲究风水五行，“厝角头”很好地反映了这一文化特征。“厝角头”的形式有五种：金（见图 1–46）、木（见图 1–47）、水（见图 1–48）、火、土，形状大致可用“圆陡长尖平”来形容。五行与

图1－42 厝脊（1）

图1－43 厝脊（2）

五方相对，根据建筑的坐向确定厝角头的样式，以五行生入、克出、比和为吉。揭阳地区房子坐北朝南的最多，“木”、“金”和“水”的厝角头是最为常见的。讲究的人家，“厝角头”与墙体的连接处会画上一些吉祥的图案，比较引人注目。

火式“厝角头”的特点是“尖”，在揭阳多用于祠堂或寺庙，表示兴旺之意，普通民居很少使用。火式“厝角头”多位于前厅门楼屋脊两头，向上翘起，形状像龙头，与“垂带”垂直，有的在“垂带”外侧也有这种回旋。这种“厝角头”也称为“标火星”[pio^{33}hue^{13}ts^{h}ẽ^{33}]，常常伴随着精美的雕花和嵌瓷（见图 1–43）。

图1 - 44 垂带（1）

图1 - 45 垂带（2）

图1 - 46 “金”厝角头

图1 - 47 “木”厝角头

图1 - 48 “水”厝角头

厝瓦 [ts^{h}u^{42}hia^{35}]

也常常单说“瓦”[hia^{35}]，用来铺设屋顶的人字排水斜坡。屋顶的瓦一般铺两层，瓦片铺设成列，列与列之间铺设“瓦虫”[hia^{11}t^{h}aŋ^{55}]（小瓦片。见图 1–50）以固定大的瓦片。

图1 - 49 厝瓦

图1 - 50 瓦虫

图1－51 挺⁼空

挺⁼空 [t^{h}eŋ^{13}k^{h}aŋ^{33}]

就是窗户。合院式的多朝内开，对外只在“厝角头”下开“挺⁼空囝”[t^{h}eŋ^{13}k^{h}aŋ^{33}kiã^{53}]（小窗户）。“竹篙厝”一般也只在前后两面墙各开一个“挺⁼空”（有“楼坪”的一般开上、下两个“挺⁼空”），房子在两头的人家有时会在侧面多开一个“挺⁼空”。传统的“挺⁼空”较小，屋里显得较暗。现在新建的房子一般开得大一些，有利于通风和采光。

楼坪 [lau^{11}pẽ^{55}]

木质的隔层，类似阁楼。揭阳地区房子的屋顶较高，架设楼坪可以增大使用空间，合院式的后房和“竹篙厝”住宅都常常铺设楼坪。楼坪常用来储存物品、堆放柴火，房子不多的人家还可作为居室使用。

图1－52 楼坪

阳埕 [iaŋ¹¹tiã⁵⁵]

图1－53 阳埕

指室外用石灰或水泥铺设的向阳的地面，也称“前埕”[tsãi¹¹tiã⁵⁵]，不向阳的叫“灰埕”[hue³³tiã⁵⁵]，也可统称“灰埕”。“灰埕”着眼于建筑的材质，“阳埕”着眼于所处的位置，因住宅多坐北朝南，故有“阳埕”之名。前文提到“驷马拖车”等大型住宅前有“阳埕”，后有“厝包”。“阳埕”是人们活动的重要场所，也是农忙季节晒谷子的地方。有些村落种植蘑菇，也在“阳埕”发酵蘑菇肥料（牛粪和稻草的混合物）。二十世纪七八十年代还有“磨埕”[bua¹¹tiã⁵⁵]，是将泥地磨平压硬，用来晒稻谷。由于泥地不便翻晒稻谷，“磨埕”已完全被淘汰了。

桁 [ẽ⁵⁵]

横着支撑屋顶的檩。

屋脊下的檩位置最高，比一般的檩要粗，称为“㯋桁”[taŋ⁴²ẽ⁵⁵]。“㯋桁”正下方有一较小的“檩”，称“子孙桁”[tsɯ⁵³suŋ³³ẽ⁵⁵]。“㯋桁”大而圆，“子孙桁”则小而方，象征着天圆地方。从八卦的角度也可称“㯋桁”为“乾梁”[kʰiaŋ¹¹niõ⁵⁵]或“天梁”[tʰiaŋ³³niõ⁵⁵]，称“子孙桁”为“坤梁”[kʰuŋ³³niõ⁵⁵]或“地梁”[ti¹¹niõ⁵⁵]。讲究的人家“㯋桁”会上色，画上八卦图和其他吉祥图案。“子孙桁”则除了画上各种图案之外，还会写一些美好的字句，后厅一般写“元亨利贞”，前厅多写“光前裕后”。连接“㯋桁”和“子孙桁”的墙体也常常被描画上各种图案。

图1－54 桁

图1－55 㯋桁、子孙桁

图1－56 楣

楣 [bai^{55}]

是一根长方形的木板，上面画上寓意祥瑞的花草、人物和历史故事等。楣的位置在厅的前部第一根梁下或者在后部倒数第三根梁下，比“子孙桁”[tsɯ^{53}suŋ^{33}ẽ^{55}]稍低，后厅一般架设两根。进入大厅，不用刻意抬头就可以看见楣，略抬头即可看清上面的图案，楣在整个厅堂中起到了很好的装饰作用。

花牙 [hue^{33}ge^{55}]

潮汕地区工匠擅长木雕、石雕，在建筑上的表现则是屋顶及梁、柱上的各种雕花。富贵人家以及大的祠堂或寺庙都有各式雕花，内容可能是花篮、瓜果、花草树木、动物和历史人物，也可能是历史故事，这些雕刻的事物统称为“花牙”。经济条件较好的人家或寺庙，花牙还常常施以金漆，彰显富贵之气，突出建筑的视觉效果。

图1－57 花牙（1）

图1－58 花牙（2）

图1－59 贴饶（1）

图1－60 贴饶（2）

贴饶 [taʔ^{4}dʑiau^{55}]

即嵌瓷，是潮汕地区独特的瓷塑工艺，用瓷片塑造吉祥的花草、鸟兽和人物、故事等。潮汕地区的嵌瓷在海内外颇负盛名，与室内和檐下的木雕一起，构成精致、华丽的潮汕建筑特色。嵌瓷多出现在照壁和大门的屋顶，形式多样，栩栩如生，瓷的材质能很好地抵御风雨，经久不衰，历经百年仍然色彩斑斓。嵌瓷在明代便已出现，清代最盛，以普宁艺人手法最佳。屋脊图案以双凤朝牡丹最为常见，寺庙或一些大型建筑会用双龙戏珠，他处则用历史故事、英雄人物、祥花瑞草等不一而足。普宁嵌瓷 2008 年被选入国家级非物质文化遗产名录。

图1－61 檐下漆画

除了外显的花牙、嵌瓷外，檐下漆画同样是揭阳房舍常见的装饰。漆画的内容有山水、吉祥物品、传奇人物、历史故事、戏剧故事、民间传说或者诗词等（见图 1–61）。

各式花牙、嵌瓷、漆画加上上文所述的圚桁、子孙桁、楣等，完整地构成了古人所说的“雕梁画栋”，反映了主人对房舍精美、富丽的无限追求。

二　其他建筑

学宫 [hak^{2}keŋ^{33}]

揭阳“学宫”又称“孔庙”[k^{h}oŋ^{13}bio^{11}]、“文庙”[buŋ^{11}bio^{11}]、“红学”[aŋ^{11}hak^{5}]，初创于宋绍兴十年（1140 年），是广东省现存规模最大并保存完好的学宫，格局与曲阜的孔庙一样而规模略小。学宫历史上一直是揭阳的最高学府，也曾是周恩来同志的革命活动之地，如今作为人们纪念孔子的重要场所。

祠堂 [sɯ^{11}tɯŋ^{55}]

潮汕人宗族意识极强，祠堂是同宗族人聚集的地方，祭祖、婚宴、议事甚至招待贵客都可以在此进行，祠堂可以说是一个宗族的代表。兴旺发达的宗族往往重视祠堂的修建和装饰，因此祠堂的大小、装饰豪华与否也从某种程度反映了家族的兴旺与否。祠堂在村落建筑群体中往往处于中心位置或是最高点，是全村风水最好的地方，祠堂前面有“阳埕”，有的还有池塘和榕树。

图1－62 学宫（1）

图1－63 学宫（2）

图1－64 祠堂

图1－65 三厅□ [sã^{33}tʰiã^{33}tʰaŋ^{213}]

祠堂的基本格局有“两厅□”[nõ^{11}tʰiã^{33}tʰaŋ^{213}]（两落式）和“三厅□”[sã^{33}tʰiã^{33}tʰaŋ^{213}]（三落式）（见图 1–65）两种。“两厅□”[nõ^{11}tʰiã^{33}tʰaŋ^{213}]就是前后厅加中间一个天井，“三厅□”[sã^{33}tʰiã^{33}tʰaŋ^{213}]就是有三个厅，中间两个天井。与住宅的“三座落”[sã^{33}tso^{11}loʔ^{5}]相比，祠堂面积大而房间少，一般只设前房，因此墙体较少，需要用柱子和梁架来支撑屋顶。也正是因为墙体少而天井宽，祠堂的采光效果和通风效果要比普通住宅好。

门额 [mɯŋ^{11}hiaʔ^{5}]

祠堂大门门额上必有匾额展现建筑所属（部分住宅也有匾额），匾额的写法有四种：一是“姓氏＋宗祠”，如“黄氏宗祠”[ŋ^{11}si^{11}tsoŋ^{33}sɯ^{55}]、“郭氏宗祠”[kueʔ^{4}si^{11}tsoŋ^{33}sɯ^{55}]。二是“本村始祖的号＋公祠”，如“茶魁公祠”[te^{11}kʰui^{11}koŋ^{33}sɯ^{55}]（见图 1–66）、“茂士公祠”[mou^{11}sɯ^{11}koŋ^{33}sɯ^{55}]。这两类匾额最普遍。三是追溯祖上根源的，如“汾阳世家”（见图 1–67）、“延陵旧家”、“范阳流芳”。四是展示祖先功名官阶的，如“大夫第”

图1－66 茶魁公祠

图1－68 大夫第

图1－67 汾阳世家

（见图 1–68）、“奉正第”。祠堂的大门通常都会画上门神。

图1－69 灯笼（1）

灯笼 [teŋ^{33}laŋ^{55}]

除了匾额显示建筑所属外，祠堂大门两边大都挂有灯笼，灯笼上多数写着宗族的姓氏（见图 1–69），也有一些会写上“本村始祖原籍+正堂”（见图 1–70）。

图1－70 灯笼（2）

石狮 [tsioʔ^{2}sai^{33}]

揭阳地区的大型建筑都喜欢以石狮镇宅，除了大门口各种姿态的石狮，揭阳地区更常见的是建筑大门匾额下的石狮，祠堂或合院式的住宅都经常置放，一公一母，左雄右雌。石狮也被放置在屋顶、村落交通要道边，被当作守护神祭拜。

图1－71 石狮

图1－72 石鼓

石鼓 [tsioʔ^{2}kou^{53}]

揭阳地区常见的镇宅之物，一般放置在庙宇和祠堂前，左右各一。宗祠前面放置石鼓往往与宗族在科举上的成就有关，是身份和地位的象征。石鼓下置基座，刻有瑞兽花鸟，一般不篆字。

拜亭 [pai^{42}teŋ^{55}]

祭祖时跪拜的地方，以石柱和梁架为支柱，造型似亭。祠堂与“四点金”和“三座落”等住宅相比，没有后房，后厅宽敞，前有“拜亭”（见图 1–73），有的三落式祠堂甚至在中厅也设有“拜亭”。

饼团 [piã^{13}kiã^{53}]

指“瓦虫”前方的圆形瓦当，祠堂的

图1-73 拜亭

堂上友玉昆金兄共弟
承衍宗支箕裘

屋顶多会铺设（富贵人家的住宅也常铺设）。瓦片前的瓦当揭阳人称为“垂联”[sui^{11}liaŋ^{55}]，与“饼团”交错铺设（见图 1–74）。

图1 – 74 饼团、垂联

柱 [t^{h}iau^{35}]

柱和梁架是祠堂和庙宇屋顶的重要支撑物，柱子可以是木质的也可以是石质的。柱在“塌肚门楼”[t^{h}ap^{2}tou^{13}mɯŋ^{11}lau^{55}]和大厅中都会出现，祠堂大厅多采用六柱式。

图1 – 75 柱

梁架 [niõ^{11}ke^{213}]

是祠堂和庙宇特有的架构，起重要的支撑作用，往往也是装饰祠堂的主要位置，是雕刻和漆画的重要对象。

图1 – 76 梁架

图1 – 77 三载$^{=}$五木瓜

木瓜 [bak^{2}kue^{33}]

梁架上的横木称为“载$^{=}$”[tsai^{213}]（木匠写作“木＋载”），三根横木分别称为“大载$^{=}$”[tua^{11}tsai^{213}]、“二载$^{=}$”[ʥi^{11}tsai^{213}]、“三载$^{=}$”[sã^{33}tsai^{213}]，“载$^{=}$”之间有些会用木瓜形的短柱连接，最全的是三层共用五个木瓜，俗称“三载$^{=}$五木瓜”[sã^{33}tsai^{213}ŋou^{11}bak^{2}kue^{33}]（见图 1–77），也有的只是最上面一个是木瓜形或上两层共三个木瓜形。木瓜形的设计是对木质建筑材料的充分开发利用，集实用和装饰于一体，是木匠精湛技术的完美体现。

客厅 [k^{h}aʔ^{4}t^{h}iã^{33}]

也称“厅”[t^{h}iã^{33}]，可以说是小型的祠堂，传统的合院式住宅后进大厅为祭祀或待客

图1－78 客厅

图1－79 福事厅

的场所，“客厅”之名应由“待客”而来。一些人数较少或分支较少的姓氏只有“客厅”没有祠堂，而大姓村落在祠堂之外还会有好几个“客厅”，这些“客厅”就是按宗族的分支来建立的，通常以某一始祖的号命名（见图 1–78）。“客厅”比祠堂多了治丧这一项功能，如祠堂下无宗族分支的“客厅”，就得设立专门的治丧场所，称为“福事厅”[hok^{4}sɯ^{11}t^{h}iã^{33}]（见图 1–79）。简陋一点儿的“客厅”就是使用“四点金”“三座落”等住宅充当，没有梁架，没有华丽的雕花、漆画和拜亭；讲究一点儿的建成祠堂的格局，只是空间略小，多为两落。

五骹⁼□ [ŋou^{13}k^{h}a^{33}kiʔ^{2}]

就是骑楼，是城市沿街商住合一的建筑，鸦片战争后从国外传入，可遮风挡雨纳凉。名称据说来源于马来语kaki lima，lima是数词“5”，kaki是长度单位“英尺”。如今榕城老城区仍有不少骑楼。

图1－80 五骹⁼□[ŋou^{13}k^{h}a^{33}kiʔ^{2}]

图1－81 桥

桥 [kio^{55}]

揭阳地区水流多，桥的数目也多，水面宽的桥梁一般用钢筋水泥浇筑，桥墩有的也由钢筋水泥浇筑，也有的由大的石块垒成。小的溪流上多是简单的桥，由几条简单的“石条”[tsioʔ^{4}tiau^{55}]构成，并无护栏。

屎缸 [sai^{13}kuŋ^{33}]

就是厕所，旧时也称“东司”[taŋ^{33}si^{33}]，多设在室外，离住宅有一定距离。地面下是粪坑，有两米深，地面上用墙围起来，有的加盖简单的屋顶。屎缸是人们便溺之地，也是农家肥料的重要储存地，如今已日渐稀少，只在偏僻的农村仍有人使用。

三　建筑活动

起厝 [$k^{h}i^{13}ts^{h}u^{213}$]

“厝”[$ts^{h}u^{213}$]是房子，建造房子揭阳人称之为“起厝”，居住称为“徛起”[$k^{h}ia^{11}k^{h}i^{53}$]。

淋楼 [$nam^{11}lau^{55}$]

新式住宅多为楼房，建造楼房称“淋楼”，（一些老人也把建造楼房称为“起厝”[$k^{h}i^{13}ts^{h}u^{213}$]）。称“淋”[nam^{55}]是因为“淋”意为“浇”，楼层多以水泥为主要原料浇筑而成。新式的楼房和其他地区一样，墙体都用砖砌起来，部分建筑也采用传统的“涂角”[$t^{h}ou^{11}kak^{2}$]（泥块）替代砖头。

明清以来潮汕地区与海外的交流甚多，西洋的建筑风格一度影响了潮汕的建筑，一些功成名就的华侨将西式风格甚至西式材料带回了当地。从地砖、刻花玻璃到门窗装饰、栏杆样式等都有外来的影子，当地工匠将西式风格与本土传统糅合，创造出了不少杰作，像澄海的陈慈黉故居、潮安的仰德里等。当然，像仰德里等充分结合西式风格的建筑毕竟是极少数，西式风格在潮汕并未遍地开花，不过，西式建筑风格对潮汕民居有一个普遍的影响，那就是“楼”[lau^{55}]。楼房式建筑在揭阳地区更多地与“竹篙厝”结合，

图1－82 淋楼

图1－83 楼顶

多数是将屋前的空间用水泥浇筑成两层的楼房，楼下可做厨房、厕所或前厅，楼顶多为敞开式，有西式栏杆，可作为晾衣晒谷甚至是纳凉的场所（见图 1-83），大大地增加了房屋的使用空间。

图1－84 下老爷

睇地理 [tʰõi13ti11li53]

揭阳民间不但注重阴宅风水，对阳宅风水也一样重视，在“起厝”之前务必请“地理先生”[ti11li13seŋ33sẽ33]看风水，主要看房子和门的坐向、“厝角头”的五行，井的位置、排水的方向和位置等。

下老爷 [he11lau11ia55]

也称“下杨公爷”[he11iõ11koŋ33ia55]，即祭拜中国风水宗师杨筠松，是建造房子“起工”[kʰi13kaŋ33]仪式最重要的环节。房子开工之前择吉日在旁边设一个简单的祭坛祭拜，烧香、燃放鞭炮，此后每天开工前都要到坛前烧香，长时间不开工则逢农历初一和十五烧香，直到房子建造完成。祭坛相对简陋，没有具体的神明画像，很多人并不知道所拜者为何人。

擎长槁 [kʰia11tɯŋ11ko33]

“擎长槁”是传统建筑中常用的词语，指在房子建设中掌控大局。“解擎长槁”[oi11kʰia11tɯŋ11ko33]（会拿长槁）是说一个人是建筑界的厉害人物，就是“大师父”[tua11sai33pe35]的意思。“长槁”[tɯŋ11ko33]是一块狭长的木板，上面写着“厅深”“房高”“天井阔”“栋高”以及柱子的位置等（见图 1–85、1–86），可以说，“长槁”就等于现代的建设图纸，所有参加房子建设的人都可以从中得到所需信息。不过，跟图纸相比，“长槁”还有一个丈量的用途，“长槁”上除了有各种长度和位置的信息，还标有刻度，大的刻度是“尺”，小的刻度是“寸”。一般的“长槁”有 10 尺长的刻度，如果所建住宅较大，

图1－85 长槁（1）

图1－86 长槁（2）

图1－87 处理地盘

图1－88 徛石柱

“长槁”的内容需要更多，长度相应地增加，上面的刻度也会增加到 15 尺，方便建筑的时候丈量。

处理地盘 [tsʰu^{42}li^{13}ti^{11}puã^{55}]

是建造工作的第一步，必须将地面铺平压硬才能进行其他的活动，否则根基不稳，建造的房子也容易出问题。如果将池塘填平建房，填土之后须放置若干年，让土地自然“蚀”[siʔ^{5}]（往下沉），待土地变硬之后方可建房。

徛石柱 [kʰia^{11}tsioʔ^{2}tʰiau^{35}]

指立石柱。石柱在揭阳地区的房舍中比木头柱子常用，用来支撑前后厅、天井和门楼的梁架及屋顶。石柱同时起着定位作用，建造墙体之前要先立石柱，以此确定各墙体的具体位置。门框也使用石柱，与墙连成一体，“竹篙厝”的石柱只有门框，也是先于墙体设立。

舂墙 [tseŋ^{33}tsʰiõ^{55}]

传统房舍的墙多为夯筑，确定墙体的厚度以后用木板定位（由地面逐层向上），将沙子、“红涂”[aŋ^{11}tʰou^{55}]（即红土。

图1－89 红涂

图1－90 □灰[sap^{4}hue^{33}]

图1－91 舂墙（张声金提供）

见图 1–89）和“□灰”[sap⁴hue³³]（即贝灰。见图 1–90）等搅拌而成的三合土（有的还加入糯米浆或者红糖水以使材料更好地粘合）放入木板夹层中，再用大木棒“舂”[tseŋ³³]，即使劲捣（见图 1–91），让三合土粘合为一体。过去各乡都有“舂墙”团队，甚至有些人家两三人也可以慢慢“舂”，如今红土等原料已不那么好找，人工费也大幅提高，因此墙体多改用砖砌，“舂墙”队也就渐渐消失了。

□灰 [ho⁴²hue³³]

就是在墙体外层抹上石灰，能让墙体美观，也能更好地防水。

入桁 [dʑip²ẽ⁵⁵]

指铺设支撑屋顶的檩，是建设屋顶之前的工序。

图1－92 □灰[ho⁴²hue³³]

图1－93 入桁

图1－94 粘厝顶

图1－95 拍涂下

粘厝顶 [niam^{11}ts^{h}u^{42}teŋ^{53}]

指建“厝角头”[ts^{h}u^{42}kak^{4}t^{h}au^{55}]并将“厝瓦”[ts^{h}u^{42}hia^{35}]用水泥、石灰等铺设在屋顶的椽子上。

拍涂下 [p^{h}aʔ^{4}t^{h}ou^{11}e^{35}]

“涂下”[t^{h}ou^{11}e^{35}]就是地面，“拍涂下”就是将地面铺平打上石灰或贝灰，新式的多用水泥或者铺上瓷砖。

铺楼坪 [$p^hou^{33}lau^{11}p\tilde{e}^{55}$]

“楼坪”[$lau^{11}p\tilde{e}^{55}$]不是住宅必有的部分，有时为了增加住宅的使用空间，或者为了更好地隔热，便会“铺楼坪”。“楼坪”在房子建好以后铺，主要的程序有“拍空”[$p^ha\text{ʔ}^4k^ha\eta^{33}$]（钻洞）、“入桁”[$ip^2\tilde{e}^{55}$]（上檩）和“钉枋”[$te\eta^{42}pa\eta^{33}$]（钉木板）。“楼坪”的“枋”（木板）一边凸出一边凹进（见图1–97），两两组合，从而使表面平整无缝。现代流行楼房建筑，楼层多用水泥浇筑，铺楼坪的人家也就越来越少了。

开井 [$k^hui^{33}ts\tilde{e}^{53}$]

潮汕人视水为财，井也就是财源，因此开井是一项重要的活动。住宅所开的井如今多为“摇井”，合院式住宅也有开大井的，井的位置须由地理先生根据房子的朝向来选定。开井根据水源所在的深浅决定下挖的深度，面积则由所需井的大小决定，挖完以后需要“垒石”[$lui^{13}tsio\text{ʔ}^5$]或放“涵空”[$ham^{11}k^ha\eta^{33}$]（用水泥等制成的小涵洞），以保证井的坚固和水源的清洁。如果只是普通的“摇井”[$iau^{11}ts\tilde{e}^{53}$]，可以直接将长长的水管通至地下水源即可。

进宅 [$tse\eta^{42}t^he\text{ʔ}^5$]

揭阳人住进新屋以前需要举行隆重的进宅仪式。新屋粘贴“进宅大吉”[$tse\eta^{42}t^he\text{ʔ}^5tai^{11}kek^2$]的红纸（见图1–98），要将象征家族传承的芋头放置在炉灶边，四个墙角点上“油灯”[$iu^{11}te\eta^{33}$]（用小碟子盛上食用的豆油，放上“红棕索”[$a\eta^{11}tsa\eta^{33}so\text{ʔ}^2$]点燃），城市里多用蜡烛代替。要祭拜“天公”[$t^h\tilde{\imath}^{33}ko\eta^{33}$]、“门神”[$m\text{ɯ}\eta^{11}se\eta^{55}$]、“司命公”[$s\text{ɯ}^{33}me\eta^{11}ko\eta^{33}$]，最重要的是祭拜“土神”[$t^hou^{13}se\eta^{55}$]。土神的祭品很讲究，需要有“五牲”[$\eta ou^{13}s\tilde{e}^{33}$]，“猪头”[$t\text{ɯ}^{33}t^hau^{55}$]（必须同时有猪尾巴）和“大棚

图1–96 铺楼坪

图1–97 枋

图1－98 进宅大吉

图1－99 色⁼薰

粿”[tua^{11}ou^{11}kue^{53}]必不可少，还有糖果、水果和传统的“粿”[kue^{53}]（大米制品），此外还得有“色⁼薰”[sek^{4}huŋ^{33}]（见图 1–99。指纸卷的土烟，城市里多用盒装的烟代替）。放置土神祭品的盘子和碗、蒸“大栱粿”的“炊布”[ts^{h}ue^{33}pou^{213}]都得用全新的，祭拜时祭品要放在地上（见图 1–100）。最后的环节是“□”[ʥiau^{11}]（驱赶），“拍油火”[p^{h}aʔ^{4}iu^{11}hue^{53}]（在小炭炉上喷俗称“火酒”[hue^{13}tsiu^{53}]的酒精，让火瞬间加大）在前，后面燃放鞭炮，同时拿盐和米（有些还持刀斧）从屋内一直“摔”[suk^{2}]（用力往地上扔）到屋外的马路上，再洒“石榴花仙草水”[sioʔ^{2}liu^{11}hue^{33}siaŋ^{33}ts^{h}au^{13}tsui^{53}]，此举意在将房子地底下居住的各种鬼魅赶出屋外。进宅祭拜的时间由算命先生选定，多在子时，仪式也由先生主持，一般不让外人参加，据说若与不可知的生灵发生冲撞，后果不堪设想。

图1－100 土神祭品

贰·日常用具

图2－1 日常用具

揭阳西北部和西南部多丘陵山地，盛产竹子，出产木材，日常用具中很多是竹制品，桌椅板凳以当地自制的木制品居多。藤条器具在当地也较常见。

一　炊具

鼎 [tiã^{53}]

就是炒菜的锅，其形状已不是《说文解字》所说的“三足两耳”，但仍然是“和五味之宝器”。“鼎”[tiã^{53}]保留了秦汉的说法，常见的有“大鼎”[tua^{11}tiã^{53}]（见图 2–2）和“鼎团”[tiã^{13}kiã^{53}]（小锅。见图 2–3）。“鼎团”与他处的炒锅无异，主要用来炒菜，多放在煤气灶上使用。“大鼎”没有用于手握的“两耳”，只在土灶上使用，很少挪动，主要用来“炊粿”[ts^{h}ue^{33}kue^{53}]（蒸米制品）或蒸制其他食品。如果吃饭的人多，大鼎也会用来炒菜，因柴火较猛，而“鼎”为铁制，导热快，菜很快就能炒熟。“大鼎”在揭阳农村仍然普遍存在，城镇不烧柴火，自然也就没有“大鼎”的踪迹了。

在“鼎”上配套使用的锅铲，揭阳人称为“鼎□”[tiã^{13}lɯ^{33}]。

鼎盖 [tiã^{13}k^{h}ãi^{213}]

就是锅盖，根据“鼎”的大小而有不同的尺寸，“大鼎”的盖以木质为多（见图 2–4），“鼎团”的盖则有不少是不锈钢或铝质的。

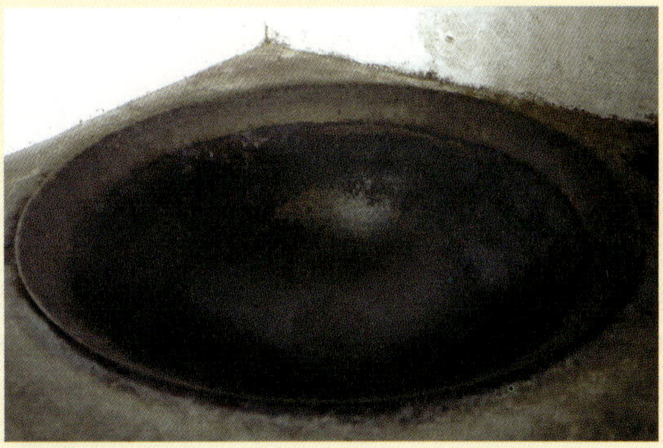

图2－2 大鼎

图2－3 鼎团

过去还有一种竹篾做的盖子，称“棂□”[leŋ¹¹sɯŋ⁵⁵]（见图2–5），比较高，可盖住叠放多层的蒸具。这种盖子如今已经很少有人使用，大都变成了阁楼上不用的旧物。如今如果蒸具高出“鼎”的平面，会用一个“鼎”倒扣着盖上，这种专门以“鼎”充当的盖子称“鼎□”[tiã¹³kʰap²]（见图2–6），“□”[kʰap²]的意思就是“扣”。“鼎□”[tiã¹³kʰap²]密封性好，不过比较沉，因此不少人家改用市面上出售的铝制盖子，轻便而且耐磨。

图2-4 鼎盖

图2-5 棂□[leŋ¹¹sɯŋ⁵⁵]

图2-6 鼎□[tiã¹³kʰap²]

锅 [ue³³]

放在土灶上的是“大锅”[tua¹¹ue³³]，放在煤气灶上的相对较小，称“锅团”[ue³³kiã⁵³]，主要用来烹调菜肴。揭阳地区盛产五金产品，各种材质、各种尺寸的锅都有，最小的“锅团”直径只有14厘米，适合三口之家煮汤炖肉。

图2-7 锅团

笼椅⁼ [laŋ¹³ĩ⁵³]

就是蒸笼，多用竹篾或藤条编织而成。蒸“粿”时，铺上“炊布”[tsʰue³³pou²¹³]或“香蕉叶”[keŋ³³tsio³³hioʔ⁵]，使粿不与“笼椅⁼”粘在一起。一般同时使用两个，有沿儿的在下，平的在上，正好蒸两层。

图2－8 笼椅$^{=}$

粿架 [kue^{13}ke^{213}]

在“大鼎”蒸“粿”时架着“笼椅$^{=}$”的架子，传统的以木质为多，故顶住“鼎”的部位会因长期受热碳化而发黑。

图2－9 粿架

筐盘 [k^{h}eŋ^{33}puã^{55}]

盛放蒸熟的“粿”，用藤条或竹篾编成，圆形，有高十几厘米的沿儿。

锡盘 [siaʔ^{2}puã^{55}]

蒸“粿团”[kue^{13}kiã^{53}]（沙河粉）的工具，用锡制成，长方形，两头有用于手提的铁环。

图2－10 筐盘

菜头獭$^{=}$ [ts^{h}ai^{42}t^{h}au^{11}t^{h}uaʔ^{2}]

就是礤床，用来将萝卜、地瓜等搓成丝。

粿钵 [kue^{13}puaʔ^{2}]

用来和大米面儿的陶钵，宽而浅。

粿印 [kue^{13}eŋ^{213}]

做“粿”的模子，形状、大小和花纹各异。传统

图2－11 锡盘

图2－12 菜头獭$^{=}$

为陶制或木制，新式的多为塑料制品。

图2－13 粿钵

饭□ [pɯŋ^{11}loi^{11}]

就是笊篱。因在贫穷年代常用来从粥中捞出米粒做成米饭，故得此名。过去人们还常常用它来淘沙子里的“蚬”[hãi^{53}]，小孔的大小正好能把沙子漏下，使用方便。

盛饭的扁平勺子揭阳人称为“饭匙”[pɯŋ^{11}si^{55}]，盛粥或汤的勺子称为“糜稀$^{=}$”[mue^{11}hia^{33}]。揭阳人爱喝粥，粥称“糜”[mue^{55}]，常配着使用的器物因此有了相应的称呼。

匏稀 [pu^{11}hia^{33}]

舀水用的勺子，“匏”[pu^{55}]指南瓜，最初这样的勺子是用葫芦形的南瓜劈开掏空晒干后制成的，如今多为塑料制品。

图2－14 粿印

图2－15 饭□[pɯŋ^{11}loi^{11}]

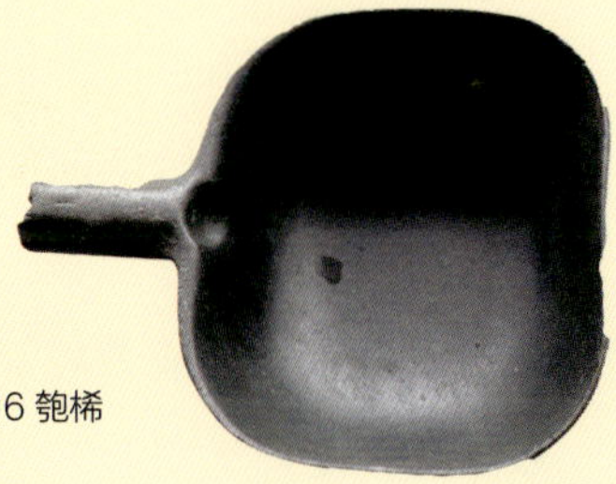

图2－16 匏稀

二　卧具

揭阳地区的卧具有传统和新式之别，新式卧具就是商场里销售的床褥，与他处无异，县市的套房多采用新式卧具。乡镇则多是传统的“眠床”[meŋ^{11}ts^{h}ɯŋ^{55}]，简单一点儿的是“铺”[p^{h}ou^{33}]。

眠床 [meŋ^{11}ts^{h}ɯŋ^{55}]

是揭阳乃至潮汕地区的传统卧具，用木头制成，床沿儿略高出床面，四个角上有四根小柱子，顶端两两相连，用以支撑蚊帐。有些床里边还在高出头顶（坐式）处制作抽屉或直接钉上木板放置物品。“眠床”的样式几乎都一样，只是上漆和雕画有所不同，有些不但床前头的木板需要雕花漆画，就连床的三面围栏也要雕花漆画（见图2–18）。

“眠床顶”[meŋ^{11}ts^{h}ɯŋ^{11}teŋ^{53}]（“眠床”的顶部）一般用木条架设，有些使用间距较大的木条，中间裱上各种图案的布（见图2–19）。

“眠床枋”[meŋ^{11}ts^{h}ɯŋ^{11}paŋ^{33}]是铺床用的木板。揭阳地区冷的时间不长，不少人家就直接在“眠床枋”上铺上草席过冬，怕冷的会铺上一床毯子或者被子。因床长年在屋里放着，春夏天气潮湿，人们便会在阳光比较好的时候把床板拿出来晒一晒以祛除湿气。

图2－17 眠床

图2－18 眠床一角

图2－19 眠床顶

图2－20 眠床枋

蠓帐 [maŋ^{13}tiõ^{213}]

“蠓”[maŋ^{53}]在揭阳方言中指蚊子，“蠓帐”就是蚊帐。揭地多蚊，蚊帐是一年四季都必备的，“眠床”的架构正是配合蚊帐使用的。旧时“蠓帐”是用“苎”[tiu^{35}]（白麻）纺织加工而成，使用时间长了会发黄变色。揭阳过去盛产用“苎”[tiu^{35}]纺织的“苎布”[tiu^{11}pou^{213}]，除了做蚊帐，还用来制作衣服，《雍正揭阳县志》卷之四“物产”中言“苎

图2－21 蠓帐

图2－22 苎布

图2－23 蠓帐钩

布九都皆有，乡无不织之”，“其细者价可倍纱罗”。“苎布”如今早已经被淘汰了，有的只是衣橱里的旧物罢了（见图 2–22）。

揭阳地区常年挂蚊帐，白天用一个钩子把蚊帐门两边收起来，这样的钩子称为“蠓帐钩”[maŋ^{13}tiõ^{42}kau^{33}]。

图2－24 铺

铺 [p^{h}ou^{33}]

就是简易的床，用两条长板凳甚至石头和砖块垫底，放上“铺枋”[p^{h}ou^{33}paŋ^{33}]（木板），铺上“草席”[ts^{h}au^{13}ts^{h}ioʔ^{5}]（席子）即可。“铺”承重的面积没有床那么大、那么均匀，因此“铺枋”要比“眠床枋”[meŋ^{11}ts^{h}ɯŋ^{11}paŋ^{33}]厚，否则容易折断。

图2－25 枕头

枕头 [tsim^{13}t^{h}au^{55}]

新式的海绵枕头与他处无异，传统的枕头用藤或竹子做成（见图 2–25），部分人家还有瓷枕。农村和乡镇上的老人依然喜欢使用传统的枕头。

被 [p^{h}ue^{35}]

就是被子。揭阳地区的被子没有特别区分出被头，也没有被面和被里的区别。被罩揭阳方言称为“被单”[p^{h}ue^{11}tuã^{33}]，里边的棉花称“被棉”[p^{h}ue^{11}mĩ^{55}]。

□篮 [oŋ^{11}nã^{55}]

也就是摇篮，是婴儿的卧具，用竹子编织而成，拴三根绳子，再用弹簧或大的橡皮筋（如自行车内胎）连着“楼坪”的木板，利用弹簧等上下或左右摇动，使婴儿容易入睡。

图2－26 □篮[oŋ^{11}nã^{55}]

三　桌椅板凳

床 [ts^{h}ɯŋ^{55}]

桌子称为“床”，这是潮汕方言和其他闽南方言的一个特点。“桌”在揭阳地区不指家具而指设宴，家中因喜事设宴称“做桌”[tso^{42}toʔ^{2}]，赴宴则称“食桌”[tsiaʔ^{2}toʔ^{2}]。揭阳地区的桌子有很多种，多用木头制成，无论哪种都称作“床”，饭桌则称“饭床”[pɯŋ^{11}ts^{h}ɯŋ^{55}]。最常见的“床”是八仙桌（见图 2–27），配合“椅条”[ĩ^{13}tiau^{55}]使用，每边坐两人。八仙桌除了用作饭桌之外，祭祀的时候还可用来摆放供品。

图2 - 27 床

橱 [tu^{55}]

就是橱子，用来存放衣物等，多立在床头或床边，制作精美的还雕花漆画（见图 2–28）。有些橱子带有抽屉，称“橱格”[tu^{11}keʔ^{2}]。揭阳地区过去有一种特殊的橱子，专门用来放置各种“杂咸”[tsap^{2}kiam^{55}]（咸菜）和油盐酱醋，称“咸酸橱”[kiam^{11}sɯŋ^{33}tu^{55}]（见图 2–29）。如今这种橱子已经弃置不用了。

图2 - 28 橱

图2 - 29 咸酸橱

春椅 [ts^{h}uŋ^{33}ĩ^{53}]

指春凳。长方形，比桌子矮，没有扶手和靠背，用途比“床”广，可作饭桌，可当坐具，也用来摆放供品。

椅条 [ĩ^{13}tiau^{55}]

就是板凳。

倚椅 [ua^{13}ĩ^{53}]

指有靠背的椅子，高的、矮的都有。多可以折叠，也称“□椅”[iauʔ^{4}ĩ^{53}]。

椅头 [ĩ^{13}t^{h}au^{55}]

即没有靠背的、高的凳子，只能坐一个人（见图 2–33）。矮而小的小凳子揭阳人称为“椅囝”[ĩ^{13}kiã^{53}]。

椅轿 [ĩ^{13}kio^{33}]

专为不会走路的小孩儿制作的坐具，用竹子做成。靠背的一面向上也可作为大人的坐具。

图2－30 春椅

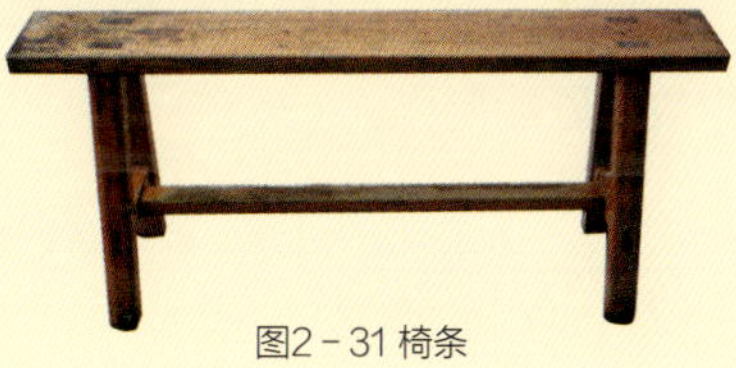

图2－31 椅条

图2－32 倚椅

图2－33 椅头

图2－34 椅轿

图2－35 藤椅

图2－36 竹椅

藤椅 [teŋ^{11}ĩ^{53}]

用藤条编织而成，有靠背，比较舒适，是揭阳人喜爱的坐具。

竹椅 [tek^{4}ĩ^{53}]

用竹子制作而成，多有靠背，夏天坐尤其凉快。

高椅 [kau^{33}ĩ^{53}]

即太师椅。一些传统的家庭仍然保留，如今只有极少数木匠能制作。

沙发 [sua^{33}huak^{2}]

新式的坐具，现在各户基本都配备一套，乡镇里的以木质为多，县市人家则有不少选用革或布面沙发。

图2－37 高椅

四　其他器具

米瓮 [bi^{13}aŋ^{213}]

也称“米缸”[bi^{13}kɯŋ^{33}]，用来装米的器具，多为陶质，也有木质的，体积有大有小，农村中仍有使用。过去还有比米缸大的“水缸”[tsui^{13}kɯŋ^{33}]，如今家家有“摇井”[iau^{11}tsẽ^{53}]或自来水，水缸就逐渐消失了。

图2－38 米瓮（1）

图2－39 米瓮（2）

臼囝 [kʰu^{11}kiã^{53}]

就是石臼子，用来捣花生、蒜和各种青草药。称“囝”（指“小”）是因为传统舂米的石臼体积比较大，这种臼相比之下就小了。

图2－40 臼囝

图2－41 食格

图2－42 吊篮

图2－43 篮

食格 [tsiaʔ^{2}keʔ^{2}]

装白糖或者猪油的容器，铝制品。

吊篮 [tiau^{42}nã^{55}]

过去用来盛放肉食和剩菜的器具，一般吊在高处，以便食物更好地通风保鲜，同时避免猫、狗和老鼠偷吃。如今放肉食和剩菜的功能已被冰箱取代，“吊篮”只作为普通篮子使用。

篮 [nam^{33}]

用来盛放物品的容器，用竹篾或藤条编成，小点儿的可以用手挽着，大点儿的可以用扁担挑着。

筛斗 [t^{h}ai^{33}tau^{53}]

就是筛子，一般用来筛去大米面和糯米面中的杂质。

图2－44 筛斗

图2－45 铁□[t^{h}iʔ^{4}tsã^{35}]

图2-46 面桶架

图2-47 水桌

铁□ [tʰiʔ^{4}tsã^{35}]

用来将成堆的谷子、花生等装入袋子或箩筐的工具。

面桶架 [meŋ^{11}tʰaŋ^{13}ke^{213}]

“面桶”[meŋ^{11}tʰaŋ^{53}]即脸盆，“面桶架”是过去用来放置脸盆的架子，用木头制成，可折叠。如今只有极少数人家使用，一般也不放置脸盆，而是放在饭桌旁摆放一些餐具。

水桌 [tsui^{13}toʔ^{2}]

是一个“面桶架”和镜子合成一体的器具，晨起梳洗的时候使用，中间有一层可以放置“梳”[siu^{33}]等小物品，过去家家必备，如今已不多见。

齿□ [kʰi^{13}tsʰiu^{213}]

即牙刷。刷牙的口杯揭阳方言称为“口瓨”[kʰau^{13}koŋ^{53}]。

骹桶 [kʰa^{33}tʰaŋ^{53}]

大的盆，过去为木制品，如今都是塑料制品，用来洗衣服或给小孩洗澡。

图2-48 骹桶

图2－49 博⁼桶

图2－50 扫帚

图2－51 粪斗

博⁼桶 [puaʔ²tʰaŋ⁵³]

从井里汲水揭阳人称为"博⁼水"[puaʔ²tsui⁵³]，汲水的工具便称为"博⁼桶"[puaʔ²tʰaŋ⁵³]。

扫帚 [sau⁴²siu⁵³]

即扫把，老式的多用山上的"猫毛草"[ŋiau³³mo¹¹tsʰau⁵³]做成（见图 2–50）。

粪斗 [puŋ⁴²tau⁵³]

即清除垃圾的簸箕，多用塑料或铁皮制成。

灯盏 [teŋ³³tsuã⁵³]

过去常见的照明工具。除了照明，还可以罩上一个玻璃筒，作为灭蚊工具使用。如今基本不用来照明，一般在佛堂或神像前作为长明灯使用，或在治丧时作为"骹尾灯"[kʰa³³bue¹³teŋ³³]（相当于长明灯）使用。在传统婚嫁习俗中，嫁妆中的"房灯"[paŋ¹¹teŋ³³]就是"灯盏"，"灯"与"丁"音同，有求子之意。

图2－52 灯盏

图2－53 篾扇

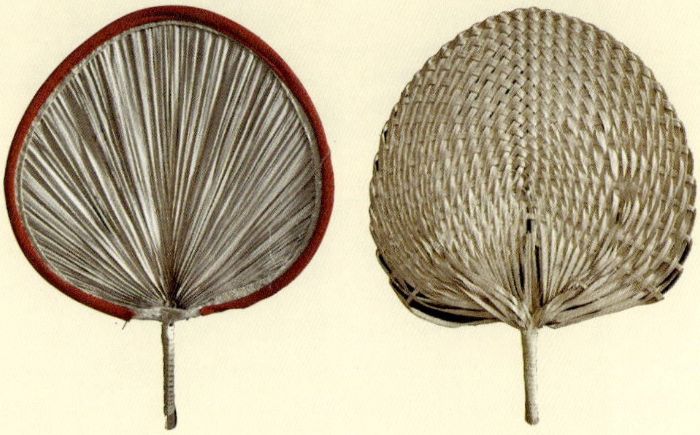

图2－54 葵扇

篾扇 [biʔ²sĩ²¹³]

用竹篾做成的扇子。

葵扇 [kʰue¹¹sĩ²¹³]

用蒲葵叶编织的扇子。有两种，一种是原始的葵叶，只是将边沿用布缝起来，另一种是将蒲葵叶裁剪成细条再进行编织。

猴⁼枷 [kau¹¹ke⁵⁵]

用木头枝丫制作的撑衣杆，比较结实，除了用来撑起“衫枷”[sã³³ke⁵⁵]（衣架）之外，还可用来支撑晾衣竿。

电火 [tiaŋ¹¹hue⁵³]

揭阳人将手电筒称为“电火”，电池则称为“电涂⁼”[tiaŋ¹¹tʰou⁵⁵]。

图2－55 猴⁼枷

图2－56 针车

针车 [tsam^{33}ts^{h}ia^{33}]

指缝纫机。“针车”在上世纪是重要的缝纫器具，揭阳的主妇几乎没有不会使用的，手巧的女人一家老小的衣服全都自己缝制。“针车”在生活中具有重要地位，较富有的人家常常将它作为体面的嫁妆赠送。如今衣服多从商店购买，“针车”也就逐渐被搁置了。

石磨 [tsioʔ^{2}bo^{11}]

过去常见的磨大米、豆子等的工具，上世纪八十年代仍有使用，如今已经被机器替代了。

图2－57 石磨

五　交通工具

揭阳地区如今的交通工具与其他地区差不多，有自行车、电动车、摩托车、汽车等。过去公路和交通工具都不发达，有不少人靠挑货、挑行李为生，如今这一行业已不复存在，过去有钱人坐的轿子也只在博物馆才能见到，来回河流之间的渡船曾盛极一时，如今也都日渐稀少了。

骹车 [kʰa³³tsʰia³³]

“骹”在揭阳话中指脚，“骹车”即自行车。揭阳地区城市化的程度不算高，乡镇道路并不十分宽敞，自行车仍是最主要的交通工具，男女老少都可以使用。上世纪七八十年代，自行车是载人运货的主要工具，最大承重达250千克。当地有不少山区，道路崎岖，自行车出入最为方便。在各车站、码头，自行车（多装有简易的电动马达）载人的行当也是最常见的，随着摩托车的普及、小汽车的出现，自行车载人也就自行消失了。

图2－58 骹车

摩托车 [mo¹¹tʰoʔ⁴tsʰia³³]

摩托车在揭阳地区也是常见的交通工具，常用来载客或载物。揭阳地区四季较暖，不下雪，摩托车无论在公路还是乡村小道上行走都很方便，速度快，且加满油能走一二百千米，所以，相比电动车而言，摩托车使用的范围更广。

图2－59 手扶

手扶 [tsʰiu¹³hu⁵⁵]

也称“拖拉机”[tʰua³³la³³ki³³]，与犁田的拖拉机使用同样的机头，只是后面装了载货的架子，速度慢，但是承重量较大，是农村中重要的运输工具。

鸡翁车 [koi³³aŋ³³tsʰia³³]

即独轮车，在收割的季节用来运送稻谷的工具，多为木质，如今很少人使用了。

图2－60 鸡翁车

图2－61 渡船

渡船 [tou^{11}tsuŋ^{55}]

揭阳境内河道纵横交错，在交通不那么发达的过去，船是重要的交通运输工具，大小河流也都有渡船摆渡。直到 1996 年榕华大桥建成前，渡船一直是榕江南北岸的连接枢纽，就连汽车过河也同样靠渡船摆渡。上世纪九十年代以后，桥梁建筑快速发展，境内的渡船数量急剧下降，如今只在少数地区使用。渡船日渐消失，而与渡船相关的谚语却留存在人们心中，如“行猛路[kiã^{11}mẽ^{13}lou^{11}]，唔如搭着渡[m^{11}ʥu^{11}taʔ^{4}tioʔ^{2}tou^{11}]”（走得快不如搭上渡船）、“有千年池厝渡[u^{11}ʦ^{h}ãi^{33}nĩ^{55}ti^{11}ʦ^{h}u^{42}tou^{11}]，无百年郑大进[bo^{11}peʔ^{4}nĩ^{55}tẽ^{11}tai^{11}ʦeŋ^{213}]”（乾隆年间的进士郑大进，官至直隶总督，以此句化解了家乡与相邻大村“池厝渡”的恩怨。池姓村落为渡口所在，故以此命名）等。

啰哩 [lo^{33}li^{55}]

潮汕地区过去普遍把汽车称为“啰哩”，乘坐汽车称“搭啰哩”[taʔ^{4}lo^{33}li^{55}]。“啰哩”一度是时髦的新词，其来源是英语的lorry，由归国华侨引入这一词语。如今人们将载物的车称为“大车”[tua^{11}ʦ^{h}ia^{33}]或“货车”[hue^{42}ʦ^{h}ia^{33}]，轿车则称“小车”[siau^{13}tshia^{33}]。小车在揭阳当地的家庭普及程度不高，外出谋生的揭阳人逢年过节回家大多开着名牌小车，拥有小车从某种程度上成了在外面“混得好”的标志。

叁·服饰穿戴

图3－1 服饰穿戴

由于现代服装制造业、手工业等的兴旺和交通运输的发达，揭阳人的服饰几乎和他处无异，传统的服饰，像“长衫”[$tɯŋ^{11}sã^{33}$]和“大裥衫”[$tua^{11}taŋ^{11}sã^{33}$]等只在老人身上仍有体现。从服饰的称呼来看，揭阳地区则仍有不少自己的特色。

一　衣裤

图3－2 长衫

衫裤 [sã^{33}k^{h}ou^{213}]

指衣服，也可以单说，“衫”[sã^{33}]指上衣，“裤”[k^{h}ou^{213}]指裤子，做衣服叫“钉衫裤”[teŋ^{42}sã^{33}k^{h}ou^{213}]。内衣称“内衫”[lai^{11}sã^{33}]，外衣在无歧义的情况下只称“衫”[sã^{33}]，需要区分时称呼“外衫”[gua^{11}sã^{33}]。

长衫 [tɯŋ^{11}sã^{33}]

就是长袍，长至脚踝的男式服装，斜襟布纽。这一服饰在新中国成立前是富贵人家的服饰，如今成了宗族“老大”[lau^{11}tua^{11}]（长者）的专用服装，因此这一服饰也称为“老大衫”[lau^{11}tua^{11}sã^{33}]。不过长衫并非平时的居家服饰，只有逢年过节的游神活动、治丧时随行，“老大”才会穿着“长衫”出现。服装的颜色有蓝灰色、黑色、红色、白色，白色的在治丧的时候穿，黑色、红色等则在春节游神的时候穿。

图3－3 着长衫的“老大”（1）

图3－4 着长衫的“老大”（2）

图3－5 大裥衫

大裥衫 [tua^{11}taŋ^{11}sã^{33}]

或称“大裥”[tua^{11}taŋ^{55}]，是传统的女性上衣，和男式长衫一样斜襟布纽，料子可厚可薄，一年四季都可以穿。七八十岁的老妇人仍喜欢穿大裥衫，再年轻一些的就不大穿了。

图3－6 开胸四袋西装衫

开胸衫 [k^{h}ui^{33}heŋ^{33}sã^{33}]

泛指在前面扣扣子的上衣，男女式皆有。解放后流行的“中山装”[toŋ^{33}suã^{33}tsuaŋ^{33}]的上衣，揭阳话俗称“开胸四袋西装衫”[k^{h}ui^{33}heŋ^{33}si^{42}toi^{11}sai^{33}tsuaŋ^{33}sã^{33}]，这一称呼很好地概括了衣服的特点“开胸”[k^{h}ui^{33}heŋ^{33}]和四个口袋（见图 3–6）。

□衫 [lap^{4}sã^{33}]

指套头衫。“□”[lap^{2}]意为“套”，与此相应，背心称为“□领团”[lap^{4}niã^{13}kiã^{53}]。

□ [niu^{55}]

指毛衣。揭阳地区冬季相对暖和，年轻人很多都不穿“□”[niu^{55}]。

图3－7 衫颔

衫颔 [sã^{33}am^{35}]

就是衣领。

衫裷 [sã^{33}ŋ^{53}]

指衣服的袖子，长袖称“长裷”[tɯŋ^{11}ŋ^{53}]，短袖称“短裷”[to^{13}ŋ^{53}]。相应的，长袖的衣服称为“长裷衫”[tɯŋ^{11}ŋ^{13}sã^{33}]，短袖的衣服称为“短裷衫”[to^{13}ŋ^{13}sã^{33}]。

图3－8 衫裾

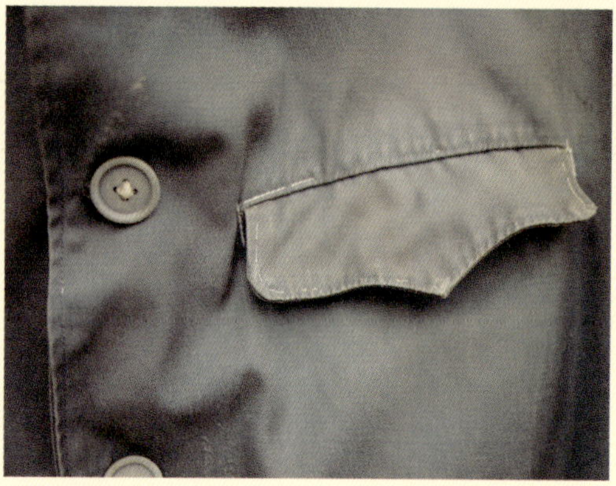

图3－9 衫袋

衫裾 [sã^{33}kɯ^{33}]

指上衣的下摆。传统"大裯衫"的"衫裾"不是平的，而是略有弧度的（见图 3–5）。

衫袋 [sã^{33}toi^{11}]

就是口袋。与此相应，裤兜称为"裤袋"。"长衫"和"大裯衫"都没有口袋，实在需要装东西就在里边另外缝一个暗口袋。

衫纽 [sã^{33}niu^{53}]

就是纽扣，也称"纽"[niu^{53}]。扣眼儿称为"纽空"[niu^{13}k^{h}aŋ^{33}]，钉扣子称为"擦纽"[tsai^{33}niu^{53}]。

西装裤 [sai^{33}tsuaŋ^{33}k^{h}ou^{213}]

西式的裤子，与"开胸四袋西装衫"相配的裤子就称"西装裤"。

牛团裤 [gu^{11}kiã^{13}k^{h}ou^{213}]

就是牛仔裤。"牛团裤"是现代流行的服饰，外来品，除五六十岁以上的老年人外，已经被普遍接受了。

图3－10 纽

□底裤 [laŋ⁴²tõi¹³kʰou²¹³]

就是开裆裤。“□”[laŋ²¹³]意思是空着、隔开。用“底”是因为揭阳人称裤裆为“裤底”[kʰou⁴²tõi⁵³]。

裤□ [kʰou⁴²kueʔ⁵]

指男人外穿的短裤。内穿的三角裤衩儿称为“□”[tsʰiam⁵³]。

裤头 [kʰou⁴²tʰau⁵⁵]

就是裤腰。裤脚称为“裤骹”[kʰou⁴²kʰa³³]。

裙 [kuŋ⁵⁵]

指裙子。

图3－11 浴布

浴布 [ek²pou²¹³]

又称“水布”[tsui¹³pou²¹³]。是劳作的“丈夫”[ta³³pou³³]（男人）腰上系的布带子，长且宽，薄纱布料，有方格图案，以青、灰、黑色居多。“浴布”吸水性好，且易干，男人们用来擦汗，到河里洗澡还能充当毛巾，抬或挑重的物品时可以作为垫肩，有时需要带一点儿东西也可用它包起来系在腰上，极为方便。“浴布”是农村中常见的物品，价格低廉，一般人都买得起，如今仍然广泛使用。

兜帕 [tou³³pʰe²¹³]

指肚兜。过去很多小孩都穿，如今较少见。

皮带 [pʰue¹¹tua²¹³]

旧时的裤子一般用布的“裤带”[kʰou⁴²tua²¹³]系着，随着旧式裤子的消失，“裤带”的名称也逐渐被遗忘了。如今都改用皮带，无论是否皮质，都称“皮带”。

二　鞋帽等

鞋子揭阳话只称“鞋”[oi55]，皮革做的鞋叫“皮鞋”[pʰue11oi55]，解放鞋称“军鞋”[kuŋ33oi55]。

鞋拖 [oi11tʰua33]

也称“拖鞋”[tʰua33oi55]。揭阳地区的农村流行穿胶质的“鞋拖”，后半截没有鞋帮，但前边的鞋帮占据了鞋面的二分之一强，价格低廉，舒适耐穿，是深得人们喜爱的日常鞋具。

水鞋 [tsui13oi55]

即雨鞋。揭阳地区多雨，水鞋几乎家家必备。

图3－12 鞋拖

图3－13 水鞋

屐 [kiaʔ^{5}]

就是木屐。过去屐的样式很多，有高点儿的，也有低点儿的；有左右脚有别的，也有无别的；有原色的，也有涂上红、黑等颜色的。鞋脸称为“屐皮”[kiaʔ^{2}p^{h}ue^{55}]，由布、橡皮或帆布制成。屐在过去是揭阳乃至潮汕人重要的鞋具，当地潮湿多水，屐的高度正好可以避免湿脚，即使湿了，屐也很快就能晾干。屐用木头制成，比其他的材质要更凉快，适合当地热多冷少的气候。也正因为这样，人生的礼俗中常见到“屐”的身影，小孩的成年礼需要穿“红屐”[aŋ^{11}kiaʔ^{5}]，新娘的嫁妆也需要“红屐”，女儿回娘家奔丧，回礼也是“屐”。直到上世纪八十年代，“屐”还有人穿，此后才逐渐淡出，如今尽管不少人家仍有“屐”，但都只是放在阁楼上的旧物了。

图3－14 屐

靴 [hia^{33}]

揭阳人过去很少穿靴子，不过“靴”这一名称却古已有之。现代各种皮革的靴子铺天盖地，揭阳也早被波及，女士尤其喜欢，并不简单为了保暖，更多地是对时尚的推崇，将靴作为装饰品的一种。

帽 [bo^{11}]

在揭阳话中泛指帽子，无论是布的、毛线的，还是草编的，都可以称为“帽”。不过，草编的帽子更多地称为“草帽”[ts^{h}au^{13}bo^{11}]或“草鳔$^{=}$”[ts^{h}au^{13}p^{h}io^{35}]（见图 3–15）。还有一种布制的帽子是传统的样式，老头儿常戴，也常常和“长衫”搭配，俗称“老大帽”[lau^{11}tua^{11}bo^{11}]（见图 3–16）。

图3－15 草帽

图3－16 老大帽

图3－17 □笠 [koiʔ²loiʔ⁵]

□笠 [koiʔ²loiʔ⁵]

就是斗笠，有圆头和尖头两种。多数用竹篾夹竹叶制成，防雨遮阳的效果非常好，在现在的农村仍然很常用，城市则少有人用。使用者除了在田地里劳作的农民，还有走街串巷的小商小贩。帽檐有大有小，最大的直径长达两尺，比较结实，遮雨效果比较好。帽檐小的则比较轻便，可以充当扇子使用。有些“□笠”[koiʔ²loiʔ⁵]还被作为工艺品，上面画上花鸟虫鱼，当然，更多的只是写上个人的名字以便识别。

蓑 [sui³³]

即蓑衣，因多用棕毛制作，也称“棕蓑”[tsaŋ³³sui³³]。如今已被淘汰，只在个别人家或博物馆里有收藏。

背带 [pi⁴²tua²¹³]

用来将小孩背在背上的带子，长且宽，布较厚，因此比较结实，固定性很好。

图3－18 蓑

图3-19 背带

图3-20 颔砧

手布 [tsʰiu¹³pou²¹³]

就是手帕。“面布”[meŋ¹¹pou²¹³]则指毛巾。

颔帮 [am¹¹pʰuaŋ⁵⁵]

指围巾。揭阳地区冬天不算冷，使用的人不多，不过，除了市场上购买外，也有人用毛线自己编织。

颔砧 [am¹¹tiam³³]

指小孩用的围嘴。另有一种小孩穿的连袖防水罩衣，称为“猴⁼袋”[kau¹¹toi¹¹]，能遮蔽几乎整个上身，背后敞开，用绳子系紧。贴身的一面是防水的，朝外的一面是布的，吃饭的时候给小孩穿上，防止弄脏衣服。

手□ [tsʰiu¹³lap²]

就是手套。

袜 [bueʔ⁵]

指袜子。

三　首饰

耳钩 [hĩ^{11}kau^{33}]

就是耳环。“耳钩”是潮汕地区“姿娘”[zɯ^{33}niõ^{55}]（女人）的重要饰品，很多小女孩儿在十岁左右便会穿上“耳空”[hĩ^{11}k^{h}aŋ^{33}]（耳洞），佩戴廉价的“耳钩”。女子出嫁时，如家庭比较富有，“金耳钩”[kim^{33}hĩ^{11}kau^{33}]则是必备的嫁妆；发家致富以后，“金耳钩”也是女人首先考虑购买的饰物。

图3－21 耳钩

颔链 [am^{11}liaŋ^{11}]

指项链。旧时多为银质，若为小孩子所戴，还会配上“壶罂”（百家锁）[hu^{11}koŋ^{53}]，上面铸有“长命富贵”等字样。过去不少家庭有家传的“银颔链”[ŋeŋ^{11}am^{11}liaŋ^{11}]。

图3－22 颔链

骹环手镯 [k^{h}a^{33}huaŋ^{11}ts^{h}iu^{13}sok^{2}]

就是手镯和和脚镯的并称。大人戴的“手镯”[ts^{h}iu^{13}sok^{2}]多为金的或玉的，小孩戴的多是银的，且配有铃铛。“骹环”[k^{h}a^{33}huaŋ^{55}]多是小孩佩戴，多配有铃铛。

手指 [tsʰiu¹³tsi⁵³]

不是肢体上的“手指”[tsʰiu¹³tsãi⁵³]，指的是佩戴在手指上的戒指。过去不多见，如今比较流行。

拍鬃 [pʰaʔ⁴tsaŋ³³]

就是盘髻。“拍鬃”在过去被认为是女子婚嫁的象征，出嫁时需要梳头“拍鬃”。过去“鬃”[tsaŋ³³]的发式有很多，如今已逐渐淡出人们的视野，只有少数“老婶”[lau¹¹sim⁵³]（老妇人）仍然保持着多年的习惯。

辫辫 [pĩ¹¹pĩ³³]

指编辫子。如果是扎马尾辫，称为“缚毛”[pak²mo⁵⁵]。

绸 [tiu⁵⁵]

指扎头发后配上的丝绸料子的带子，做成花的样子。这一动作称为“结绸”[kak⁴tiu⁵⁵]。

图3－23 绸

肆·饮食起居

图4-1 饮食起居

揭阳地区主要粮食作物是水稻，因此以大米为主食，除了米饭和粥，还有很多食品都以大米为原料，用大米面儿制作的“粿”便多种多样，甜咸皆有，很受欢迎。在艰苦的年代，“番薯”[huaŋ^{33}tsɯ^{55}]（甘薯）也是重要的主食，番薯多切成小段放在米饭或粥里同煮，净米饭一般只在年节或者宴客的时候能吃到。

揭阳地区的菜肴可以归入潮菜的行列，是与“广府菜”媲美的菜系。潮汕地区饮食清而不淡，菜肴的制作上色香味俱全，烹制的手法煎、炒、蒸、炸、卤都有，各式咸菜、酱菜也都美味可口，并且远销海外。下饭的菜揭阳地区称为“物配”[mueʔ^{2}p^{h}ue^{213}]，下饭这一动作称为“配”[p^{h}ue^{213}]，凸显了五谷为主，疏、畜为辅的传统观念，不过，这一观念并没有得到很好地传承，肉食如今已是餐桌上的主角，不可或缺。靠山的揭阳人喜欢鸡、鸭、鹅肉，靠海的揭阳人喜欢各种鱼和海鲜。

揭阳人喜欢喝“功夫茶”[kaŋ^{33}hu^{33}te^{55}]，无论是招待贵客还是朋友闲聊，功夫茶都是少不了的，当地自产的炒茶很受人们欢迎。

一　主食

糜 [mue^{55}]

就是粥，专指大米粥。粥稠称为“极$^{=}$”[kek^{5}]，粥稀称为“真$^{=}$”[tseŋ^{33}]，米汤称为“饮”[am^{53}]。糜的品种很多，最为常见的是纯大米的“白饗糜”[peʔ^{2}tsiã^{13}mue^{55}]。过去条件艰苦，几乎一日三餐“食糜”[tsiaʔ^{2}mue^{55}]（喝粥），以节约粮食。现在生活水平提高了，粥作为养胃之物，仍然为大众所喜欢，不少人家仍是早晚两顿“食糜”，当下流行“食冥宵”[tsiaʔ^{2}mẽ^{11}siau^{33}]（吃夜宵），主食也是“糜”。揭阳地区外出经营饮食业者，不少人打着“潮汕砂锅粥”的名号，大米粥中添加海鲜、鲜肉、蔬菜，加上用砂锅烹调，便是最大的卖点。

在大米的基础上放入其他菜肴的粥统称为“咸糜”[kiam^{11}mue^{55}]（咸粥）或“芳糜”[p^{h}aŋ^{33}mue^{55}]（见图 4–2）。“咸糜”中“菜糜”[ts^{h}ai^{42}mue^{55}]（青菜粥）、“豆干糜”[tau^{11}kuã^{33}mue^{55}]（豆腐干儿粥）、“猪肉糜”[tɯ^{33}nek^{2}mue^{55}]（猪肉粥）、“紫菜糜”[tsi^{13}ts^{h}ai^{42}mue^{55}]（紫菜粥）较为常见。

图4－2 咸糜

此外，“鱼糜”[hɯ^{11}mue^{55}]（鱼粥）、“蟹糜”[hoi^{11}mue^{55}]（蟹粥）也是比较受欢迎的品种，沿海地区尤其如此。也有一些人忆苦思甜，经常以艰苦年代的“番薯糜”[huaŋ^{33}tsɯ^{11}mue^{55}]为主食。

饭 [puŋ^{11}]

大米饭也是重要的主食，比

粥耐饱，中午多吃大米饭，有些人晚饭也以大米饭为主食。揭阳地区煮饭称“焖饭”[buŋ^{11}pɯŋ^{11}]或“匏$^{=}$饭”[pu^{11}pɯŋ^{11}]，就是用电饭煲或铁锅等煮熟。过去还有“糇饭”[hou^{11}pɯŋ^{11}]，做的时候比“焖饭”多放一倍的水，待米粒煮熟时用笊篱捞起米粒作为米饭，剩下少量米粒在锅里继续煮成“糜”。由于同等数量的米用“糇饭”的方式比“焖饭”做出的米饭多出约四分之一，节约了粮食，在艰苦的年代是比较受欢迎的，而且，这样一锅多样也迎合了家庭成员的不同需求。

揭阳人将炒饭称为“芳饭”[p^{h}aŋ^{33}pɯŋ^{11}]或“咸饭”[kiam^{11}pɯŋ^{11}]，常见的有“咸菜饭”[kiam^{11}ts^{h}ai^{42}pɯŋ^{11}]、“芥蓝饭”[k^{h}ak^{4}nã^{11}pɯŋ^{11}]等。

面条 [mĩ^{11}tiau^{55}]

揭阳地区的面条与北方的面条不同，卖的成品是熟的，而且是咸的，需要稍微浸泡一下才能炒着吃。面条是重要的祝寿物品，也是祭祀的供品，宴客同样也少不了面条，如今已是日常的食品。过去的面条用手工制作，吃起来比较筋道，现在科技发达，都改为机器加工了。最初手工制作时，需要将面条分成一把把出售，每把大概半米长，一把面条称为“蜀屈面条”[tsek^{2}uk^{4}mĩ^{11}tiau^{55}]。

粿团 [kue^{13}kiã^{53}]

闻名全国的“沙河粉”在揭阳地区称为“粿团”[kue^{13}kiã^{53}]或“粿条”[kue^{13}tiau^{55}]，不过，“粿团”的制作器具是“锡盘”而不是制作“沙河粉”的“竹窝篮”（一种密实的竹器）。制作时先将米充分浸泡后磨浆，再把磨好的米浆平铺在“锡盘”[siaʔ^{4}puã^{55}]

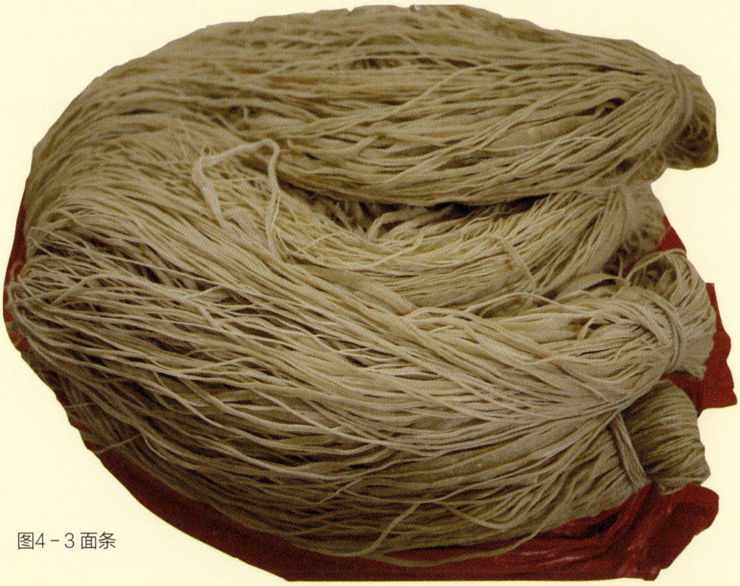

图4－3 面条

图4－4 馃团（刚出炉的）

图4－5 馃团层

图4－6 炒馃

图4－7 馃条汤

图4－8 馃团脯

里，放在“鼎”[tiã^{53}]上蒸熟，出锅时用小刀或者竹片将“锡盘”里的“馃团”一分为三，剥离后层层叠放备用或者直接卷起来蘸酱汁食用。刚出炉直接卷成卷的“馃团”俗称“馃团层”[kue^{13}kiã^{13}teŋ^{55}]或“馃团□”[kue^{13}kiã^{13}kauʔ^{2}]，一般蘸“豉油”[si^{11}iu^{55}]（酱油）或者“菜脯油”[tsʰai^{42}pou^{13}iu^{55}]（萝卜干油）食用（见图 4–5）。

“馃团”可以待冷却后切条加入韭菜或芥蓝等炒着吃，称“炒馃”[tsʰa^{13}kue^{53}]（见图 4–6）；带汤的“馃团”称“馃条汤”[kue^{13}tiau^{11}tʰɯŋ^{33}]，小食店的“馃团”切得特别细，这样细长的“馃条”在滚开的水里焯一焯就热透了，放在碗里，再加入鸭汤或鹅汤（见图 4–7），鲜美，嫩滑，是出门在外的潮汕人永远无法忘却的味道。此外，还可以将蒸熟的“馃团”弄成块状晒干，做成“馃团脯”[kue^{13}kiã^{13}pou^{53}]（沙河粉干）（见图 4–8），这样可以长期储存，需要的时候再拿出来做成汤食。

二　副食

馃 [kue⁵³]

“馃”是米制品的统称，是祭祀的重要供品，也是揭阳地区最主要的副食。过去逢年过节家家户户都“做馃”[tso⁴²kue⁵³]（见图 4–10），时节不同花样各异，现在即使是平日里，市场上也有各种各样的“馃”品出售。“馃”的主要原料是大米面儿（俗称“粞”[tsʰoi²¹³]），可包馅儿，也可不包馅儿。包馅儿的“馃”需要先用温水把“粞”[tsʰoi²¹³]和好，在“馃钵”[kue¹³puaʔ²]里反复揉捏，俗称“辑馃”[tsʰip²kue⁵³]（见图 4–11）。

图4－9 馃

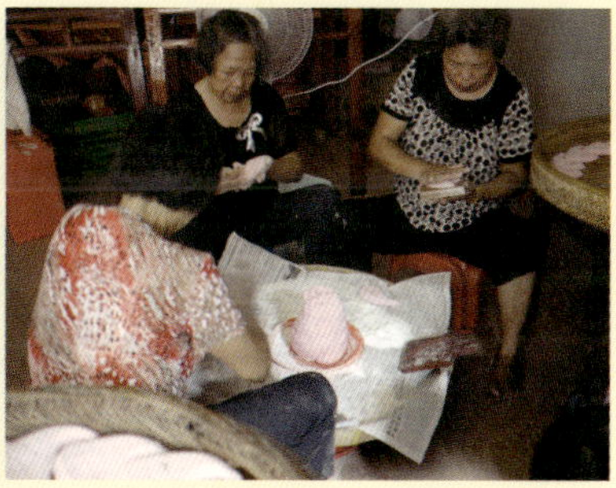

图4－10 做馃

图4－11 辑馃

图4－12 菜粿

图4－13 菜头粿

图4－14 □粿 [luaʔ^{4}kue^{53}]

菜粿 [tsʰai^{42}kue^{53}]

以蔬菜为馅儿的“粿”统称为“菜粿”，是最为常见且最容易制作的粿品，不需要“粿印”[kue^{13}eŋ^{213}]（模子）。馅儿以韭菜、萝卜、卷心菜等为常，分别称“韭菜粿”[ku^{33}tsʰai^{42}kue^{53}]、“菜头粿”[tsʰai^{53}tʰau^{11}kue^{53}]、“高丽粿”[ko^{33}le^{11}kue^{53}]。也有一些“菜头粿”是没有“粿皮”[kue^{13}pʰue^{55}]的，只是用“粞”和萝卜和起来蒸熟（见图 4–13）。

□粿 [luaʔ^{4}kue^{53}]

指煎粿。刚出炉的“粿”味道鲜美，但“粿”很多都是供品，祭拜结束就凉了，再吃的时候便煎着吃，口感香脆可口，也是人们所喜欢的。

粞钱粿 [tsʰoi^{42}tsi^{11}kue^{53}]

做“粿”时需要以干的“粞”辅助，以避免捏“粿皮”[kue^{13}pʰue^{55}]的时候粘手，最后为了不浪费这些零散的“粞”，往往会加入切碎的青菜一起蒸，名曰“粞钱粿”。如今一些潮汕饭馆，有专门制作“粞钱粿”的，蒸熟以后在锅里加油煎，口感更好，很受食客欢迎。

图4－15 粞钱粿（1）

图4－16 粞钱粿（2）

炒糕粿 [$ts^ha^{13}ko^{33}kue^{53}$]

用米浆制作的还有“糕粿”，这是潮汕地区特有的小吃，汕头市的“老徐炒糕粿”（原名用“糕粿”）先后被评为“广东名小吃”和“中华名小吃”。“炒糕粿”需先将米浆蒸成软硬适中的米糕，再切成小块，用油略煎，再加入韭菜、芥蓝或猪肉、鸡蛋等配料一起炒。

图4－17 炒糕粿

图4－18 无米粿

无米粿 [$bo^{11}bi^{13}kue^{53}$]

“无米”[$bo^{11}bi^{53}$]侧重于“粿皮”不是米制品，而是用薯粉制作，因此显得晶莹通透。“无米粿”都是带馅儿的，和饺子一般大小。

图4－19 粿汁

粿汁 [$kue^{13}tsap^{2}$]

一种小吃，将米浆煮成稀粥，加入事先煎好的大米面片，出锅后加入一些相配的肉食即可食用。

图4－20 草粿

草粿 [$ts^hau^{13}kue^{53}$]

类似北方的“凉粉”，但原料不同。“草粿”从形状到制作和粿品相差甚远，是由薯粉和“草粿草”[$ts^hau^{13}kue^{13}ts^hau^{53}$]汁制成，并不是米制品，只因潮汕人喜欢“粿”，所以把这一夏天里消暑的小吃也命名为“粿”。制作时先将“草粿草”加水熬成浆，滤出杂质后加入薯粉充分搅拌，煮开后倒出冷却。“草粿”冷却后呈膏状，多加白糖食用。炎炎夏日，小贩会用自行车或者摩托车载着“草粿”走街串巷兜售，小孩总是闻声赶来，因为价格低廉、味道鲜美，又能解暑，家长也乐意买给孩子吃，“草粿”因此普遍存在于潮汕人的记忆之中。

图4－21 尖米丸

尖米丸 [tsiam^{33}bi^{13}ĩ^{55}]

侧重于说明食品的形状是两头尖的，也是大米制品，将“粞”[ts^{h}oi^{213}]和得比较硬，再用礤床擦成两头尖的形状，吃的时候焯热加入汤和猪肉等。

薯粉豆干 [tsɯŋ^{11}huŋ^{13}tau^{11}kuã^{33}]

传统小吃，主要原料是薯粉，类似北方的“焖子”。揭阳地区吃“薯粉豆干”多需要二次加工，即先将薯粉煮熟冷切，再切成小块放入锅里油炸，或者炸好了再切。油炸的东西容易上火，因此“薯粉豆干”一般蘸着盐水吃。

图4－22 薯粉豆干

南糖 [nam^{11}t^{h}ɯŋ^{55}]

其实应该是“淋糖”，“淋”[nam^{55}]在揭阳方言中是“浇”的意思，与“南”同音。“南糖”的特点就在于将猪油、麦芽糖、白糖熬化后浇灌在炸过的花生米周围。“南糖”以普宁和揭东炮台出产的最为有名，口感上香甜兼有，花生米香酥，糖松软而不黏牙，很受欢迎。

图4-23 南糖（1）

图4-24 南糖（2）

绿豆饼 [lek²tau¹¹piã⁵³]

以绿豆泥为馅儿的饼，是揭阳常见的食品，如今也常作为礼品赠送，以惠来所出产的最为有名。

瓜丁 [kue³³teŋ³³]

是冬瓜和白砂糖精制而成的糖果，已有数百年生产历史。“瓜丁”为长条形或粒状，另有片状的，称为“瓜册”[kue³³tsʰeʔ²]。“瓜丁”和“瓜册”是揭阳人喜爱的糖果，因其酥甜无渣，常用来孝敬老人，有人也用来祭神。揭西棉湖出产的“瓜丁”最为有名，吸糖饱满，透如翡翠，远销海外，是很多华侨喜欢的礼品。

豆辑 [tau¹¹tsʰip⁵]

用花生和麦芽糖浆等制作而成，有荤有素，以惠来靖海镇所出的最为有名。

图4-25 绿豆饼

图4-26 瓜丁

图4-27 豆辑

三　菜肴

膋[la^{55}]

指猪油，俗作“膀”。揭阳人喜欢用“膋”炒菜，认为吃起来比较香，近年由于医学上认为多吃猪油不利健康，植物油的使用才逐渐多起来，不过，老一辈的揭阳人每天的菜肴还是离不了“膋”。

图4－28 膋

卤味 [lou^{13}bi^{11}]

潮菜的重要菜肴，在广东省内及港台地区都声名远播，不但县市的街头巷尾有卤味专卖，就连偏僻的小村庄也有人家制作卤味出售，路边卖“粿条汤”的小摊也都是搭配着销售卤味的。卤味的品种很多，有鹅、鸭子、猪头肉、猪脚、猪肠、豆腐、鸡蛋等，其中的肉类又称为“卤肉”[lou^{13}nek^{5}]。鹅和鸭子几乎所有部位都可以制成卤味，头、脖子、翅膀、爪子以及肝、肠、肾最受欢迎，因而价格也最高。卤味中的“卤”有酱油、盐以及南姜、八角、桂皮等调料，色香俱全。卤味可直接食用，也可以蘸着蒜蓉白醋食用。

白煠 [peʔ^{2}saʔ^{5}]

一种菜肴制作方式，就是把鸡、鸭、鹅或者虾、蟹等放在清水里煮熟，鸡、鸭、鹅等家禽一般在宰杀剖腹后整只放入，如果剁开放入，鲜味会差一些。“煠”过鸡、鸭、鹅的汤多数人家会留着，用来作为“粿条”[kue^{13}tiau^{55}]的汤底，味道鲜美。由于人们的这一喜好，市场上的肉食卖家同时也出售鸭汤和鹅汤，如果买肉免费赠送，不买肉也可

图4-29 卤味（1）

图4-30 卤味（2）

单独购买肉汤。在广大乡镇地区，整只的家禽多在过年过节宰杀，“煠”熟以后作为祭祖或者祭神的供品，待祭祀活动结束后剁成小块儿直接蘸酱油下饭，怕凉的会拿开水浇在切好的鸡、鸭、鹅肉上，更讲究的也可在锅里蒸热。“煠”很好地保留了肉的鲜味，是潮汕人钟爱的肉食烹调方法，街边的小摊档上，“白煠”后切块的鸭和鹅是主打菜之一。

图4-31 白煠鸭（1）

图4-32 白煠鸭（2）

炊 [ts^{h}ue^{33}]

或称“清炊”[ts^{h}eŋ^{33}ts^{h}ue^{33}]，也是揭阳常见的菜肴制作方式，即清蒸。“炊鱼”[ts^{h}ue^{33}hɯ^{55}]是最为常见的，无论是淡水鱼还是海鱼都可如此制作，将鱼洗净剖开或切开，放上姜丝或葱丝蒸即可。海鲜中的“蟹”[hoi^{35}]和部分贝类也经常如此制作，“清炊膏蟹”[ts^{h}eŋ^{33}ts^{h}ue^{33}ko^{33}hoi^{35}]便是潮菜的重要代表。此外，鸡、鸭、鹅等有时也会“炊”，相对“煠”来说，“炊”更能完整保持肉食的鲜甜之味。

肉丸 [nek^{2}ĩ^{55}]

潮汕地区常见的食品，嫩滑筋道，美名远扬，广州、深圳都有专门的店铺销售，主要有猪肉丸、牛肉丸以及鱼

图4－33 炊鱼

肉丸等不同的种类。潮汕地区传统的方法是手工制作肉丸，猪肉和牛肉需要用两把方形锤来回捶打，直到把肉剁成肉酱，加入盐和雪粉等再捶打一刻钟，之后就可以放在手掌中挤压，用小勺儿挖起小丸放在温水中煮熟。鱼丸则是选取新鲜的海鱼，切碎后用手拍打，据说起码得几千下才行，且数量越多越筋道。潮汕肉丸有嚼头，这是出了名的，有些人夸张地说，往地上扔了还能弹回来。“牛肉丸”[gu^{11}nek^{2}ĩ^{55}]（见图 4–34）最初是客家人的食品，传入潮汕地区后手法改良，口感更好。不过，二十世纪八十年代以后出现绞肉机甚至是打丸机，肉丸的“弹性”也就大不如前了。而今市面上仍有手工肉丸出售，价格比机器制作的高出不少。

肉丸以汤食为主，在水中煮开后加入芹菜、芫荽、“胡蒜”[hou^{11}sɯŋ^{213}]（青蒜）等辅料再煮沸即可（见图 4–35），味道鲜美，操作简便，极受欢迎。应该说明的是，潮汕地区的汤和广府一带的老火汤不同，一般是亦汤亦菜，不会单独盛出一碗在饭前或者饭后喝。

图4－34 牛肉丸

图4－35 肉丸汤

图4－36 豆干

图4－37 浮豆干

豆干 [tau^{11}kuã^{33}]

就是豆腐，称为“干”是因为它比客家地区和广府地区的豆腐水分更少，制作时必须点盐卤。豆干是潮汕地区极为常见且极为重要的食品，无论是平时饮食还是宴客，豆干都是不可缺少的，可以略煎后炒食或炖肉、炖菜，也可以煮粥，还可油炸了蘸蒜泥、盐水吃。油炸在揭阳方言中称“浮”[p^{h}u^{55}]，油炸豆干就是“浮豆干”[p^{h}u^{11}tau^{11}kuã^{33}]（见图 4–37）。豆干在大小市场都有出售，以普宁所产最为有名，据说跟当地的水质有关。

苦瓜猪骨匏$^{=}$咸菜 [k^{h}ou^{13}kue^{33}tɯ^{33}kuk^{2}pu^{11}kiam^{11}ts^{h}ai^{213}]

“匏$^{=}$”[pu^{55}]在揭阳方言中指炖，“苦瓜猪骨匏$^{=}$咸菜”就是用苦瓜和咸菜来炖排骨。尤其在夏、秋季节，苦瓜盛产的时候，这道菜正合时令，既有营养还解暑。咸菜则起调味的作用，不需再放盐，且能与苦瓜合味。

图4－38 苦瓜猪骨匏$^{=}$咸菜

炒薄壳 [ts^{h}a^{13}poʔ^{2}k^{h}ak^{2}]

“薄壳”学名寻氏肌蛤，别名海瓜子，是潮汕沿海一带的重要水产，因其为贝壳类，壳特别薄，故有此名。“薄壳”是海产中价格相对便宜的，故普罗大众也都消费得起，当季的“薄壳”肉厚，很受欢迎。“薄壳”只要在锅里略为翻炒几下就“开喙”[k^{h}ui^{33}ts^{h}ui^{213}]（开口），制作方便，再搭配上一种名为“金不换”[kim^{33}puk^{4}huaŋ^{213}]（薄荷）的香草，腥味锐减，芳香倍增，味道更美。

猪肚汤 [tɯ^{33}tou^{11}t^{h}ɯŋ^{33}]

潮汕地区有很多由猪内脏制作的菜肴，猪肚是很多人都喜欢的，传统的做法有“猪肚炖胡椒”[tɯ^{33}tou^{35}tuŋ^{11}hou^{11}tsio^{33}]和“咸菜猪肚汤”[kiam^{11}ts^{h}ai^{213}tɯ^{33}tou^{11}t^{h}ɯŋ^{33}]。人们对猪肚的偏爱抬高了猪肚的价格，一斤生猪肚在揭阳能卖到四五十元不等（节假日价格更高），远远高于各种肉类的价格，也比广东省内非潮汕地区的猪肚价格要高出不少。

图4－39 炒薄壳

图4－40 猪肚汤

猪肠胀秫米 [tɯ^{33}tɯŋ^{55}tiõ^{42}tsuk^{2}bi^{53}]

普宁一带的传统食品，“秫米”[tsuk^{2}bi^{53}]即糯米。做法是洗净猪肠，将糯米、猪肉、香菇、虾、莲子等加入食盐、味精、胡椒粉拌匀灌入猪肠中，用纱线扎紧两端，放锅里煮熟即可。食用时斜切成小片，蘸酱多为甜酱油或辣酱。

图4－41 猪肠胀秫米

朴$^{=}$肉 [p^{h}ok^{4}nek^{5}]

是揭阳人爱吃的食品，由连膘的猪皮油炸而成，一般用来做汤，或者作为“粿条汤”和“粿汁”的佐料。由于易熟味美且方便携带，“朴$^{=}$肉”成为外出的潮汕人常常携带的家乡特产。

图4－42 朴$^{=}$肉（1）

图4－43 朴$^{=}$肉（2）

图4－44 咸菜

图4－45 咸菜瓮

杂咸 [tsap²kiam⁵]

或称“咸杂”[kiam¹¹tsap⁵]，是揭阳地区各种咸菜的统称。杂咸算不上正式的菜品，不过，各式杂咸却是饮食上不可缺少的，尤其是早饭爱“食糜”（喝粥）的人家，杂咸更是必需的，不少人家早饭就是白粥加上一点儿咸菜。揭阳地区的杂咸有很多品种，最常见的就是“咸菜”[kiam¹¹tsʰai²¹³]、“菜脯”[tsʰai⁴²pou⁵³]、“冬菜”[taŋ³³tsʰai²¹³]和“榄”[nam⁵³]。

“咸菜”（见图4–44），在潮汕地区并不作为统称使用，而是腌制食品中的一种，用“大菜”[tua¹¹tsʰai²¹³]（大芥菜，大的一棵重达几斤）腌制而成。咸菜除了喝粥的时候就着吃之外，如前文所述，可以放在排骨汤中调味。腌制咸菜称“陋咸菜”[lou¹¹kiam¹¹tsʰai²¹³]。过去乡村家家户户都会制作，如今食用量大大减少，只有少数人专门制作了出售。将“大菜”洗净晒得半干，加入盐和“南姜”[nam¹¹kiõ³³]，在“咸菜瓮”[kiam¹¹tsʰai⁴²aŋ²¹³]（见图4–45）里放上一个月即可食用。“南姜”（见图4–46）是中国南方特有的姜种，能入药，性辛、热，祛风驱寒，比普通的生姜辛辣，在潮汕地区常常作为配料使用，除了腌咸菜，还可以腌制桃、李或者制作“橄榄糁”[kã³³nã¹³sam⁵³]、“油甘糁”[iu¹¹kam³³sam⁵³]，同时还是卤水的主要原料。

“橄榄糁”[kã³³nã¹³sam⁵³]（见图4–47）用橄榄加盐和南姜制作而成，具有消食开胃的作用，做鲫鱼、鲤鱼时都可以作为配料。还可以煮水喝，有祛风止咳之效，是潮汕地区特有的食品。

图4－46 南姜

“脯”在揭阳方言中指“干”，“菜脯”[tsʰai⁴²pou⁵³]（见图4–48）指萝卜干（萝卜称“菜头”）。“菜脯”除了作为就白

图4－47 橄榄糁

粥的菜外，还可以切丝、切粒，和鸡蛋或鸭蛋一起炒，这就是知名的潮汕菜式“菜脯炒卵”[$ts^hai^{42}pou^{53}ts^ha^{13}nɯŋ^{35}$]（萝卜干炒蛋）。

“菜脯”[$ts^hai^{42}pou^{53}$]是揭阳特产，不但热销省内外，而且远销东南亚等有潮汕人居住的地区。冬天萝卜成熟后农民便直接在地里铺上稻草，并挖两三个坑，坑的直径一两米，坑底铺上“蜡纸”[$laʔ^2tsua^{53}$]（塑料纸），萝卜洗净切成“两爿”[$nõ^{11}pãi^{55}$]（两半），白天铺在稻草上晒，晚上收集在坑里。铺在坑里的时候，每铺一层要洒一次粗盐，并用脚在上面反复踩踏，此谓“踏菜脯”[$taʔ^2ts^hai^{42}pou^{53}$]（见图4–49）。等萝卜水分晒干，颜色变成金黄，“菜脯”就可以出售了。如今还有对“菜脯”进行二次加工的“虾仁菜脯”[$he^{11}dzeŋ^{11}ts^hai^{42}pou^{53}$]，也是远销海内外，不但潮汕人，非潮汕人也都赞不绝口。

图4－48 菜脯

图4－49 踏菜脯

“冬菜”的原材料有“天顶青”[tʰiaŋ^{33}teŋ^{33}tsʰẽ^{33}]（大白菜的一种）和“高丽”[ko^{33}le^{55}]（卷心菜）两种，将新鲜的菜晒软后加盐再晒至六七成干，加入蒜放入“瓮”[aŋ^{213}]（陶罐）中储存即可。

近年潮汕地区还出产以橄榄和芥菜为主要原料的“橄榄菜”[kã^{33}nã^{13}tsʰai^{213}]，常用来“配糜”[pʰue^{42}mue^{55}]，也用来作为菜肴的辅料。鲜橄榄为绿色或略带黄色，生津润肺，是潮汕人离不开的“生果”[tsʰẽ^{33}kuãi^{53}]（水果）。“橄榄菜”是在芥菜叶中加入翻炒过的橄榄，取材天然，营养也丰富，也因其食用方便，广受好评。

图4－50 冬菜

与绿色的“橄榄”相应，潮汕地区还有黑色的榄，当地人称为“乌榄”[ou^{33}nam^{53}]或直接称“榄”，主要作为腌制品食用（见图 4–52）。

调味的酱料中“豆酱”[tau^{11}tsiõ^{213}]（见图 4–53）和“腐乳”[hu^{11}dʑu^{53}]也是揭阳人所喜欢的。“豆酱”类似于豆瓣酱，用作蘸肉类熟食或者菜肴的调料，以黄豆酱为主，用黄豆炒熟磨碎后发酵而制成，色黄味香，普宁所产的最佳。腐乳即豆腐乳，常常用于烹饪，也用于日

图4－51 橄榄菜

图4－52 乌榄

图4－53 豆酱

常“配糜”。腐乳中的“南乳”[nam¹¹ʥu⁵³]（红腐乳）还用来制作饼食，因为腐乳味浓厚，被称为“腐乳饼”[hu¹¹ʥu¹³piã⁵³]（见图 4–54）。

此外，沙爹酱以及各种海鲜腌制品是沿海一带的潮汕人所喜爱的，潮汕沿海各地都有大小企业生产相应的产品。

图4－54 腐乳饼

四　起居

揭阳地区一般一日三餐，分别称为“食猛⁼早”[tsiaʔ^{2}mẽ^{13}tsa^{53}]（吃早饭）、“食日昼”[tsiaʔ^{2}ʥek^{2}tau^{213}]（吃午饭）、“食猛⁼暗”[tsiaʔ^{2}mẽ^{13}am^{213}]（吃晚饭），“猛⁼早”“日昼”“猛⁼暗”是表时间的词语，并不与普通话的“早饭”“午饭”“晚饭”等同。

揭阳地区的村落多同姓聚居，村里的人同出一脉，彼此熟悉，邻里关系和睦亲密。三餐之间的空余时间多会“过家”[kue^{42}ke^{33}]，就是到别家去串门，上了年纪不再耕种的老头儿更是如此。妇人在忙活家务、准备三餐之外，便三三两两聚在巷子里闲聊。彼此之间关系好称“相好”[siaŋ^{33}ho^{53}]，关系不好称“相孬”[siaŋ^{33}mo^{53}]，吵架称为“相骂”[sio^{33}me^{11}]，打架称“相拍”[sio^{33}paʔ^{2}]。

揭阳人家族意识浓厚，对姻亲关系比较看重，因此对不在同一乡村居住的亲戚逢婚、丧、寿、诞都会互相走动，此谓“去亲情”[k^{h}ɯ^{42}ts^{h}eŋ^{33}tsiã^{55}]或“做农客”[tso^{42}naŋ^{11}k^{h}eʔ^{2}]，“亲情”就是亲戚，“农客”就是客人。过去经济不好，新衣服都是“去亲情”或“食桌”时才会穿上，当地人称新衣服是用来“做面皮”[tso^{42}meŋ^{11}p^{h}ue^{55}]的——充当脸面之用。

功夫茶[kaŋ^{33}hu^{33}te^{55}]

揭阳人热情好客，待客之礼必有功夫茶，因此请人来串门也可以说“来食茶”[lai^{11}tsiaʔ^{2}te^{55}]（喝茶），就是说进门后“食茶”是必不可少的。茶叶揭阳方言中称“茶米”[te^{11}mi^{53}]，除描述其大小如米粒外，还表明其地位如大米般重要。揭阳地区人们喝茶极为普遍，男女老少都喝，成年之人都懂得如何“冲茶”[ts^{h}oŋ^{33}te^{55}]。过去婚嫁时送聘礼，有送茶叶的礼俗，这就是所谓“下茶”[he^{11}te^{55}]，受聘茶礼称“食茶”[tsiaʔ^{2}te^{55}]。

揭阳方言中说“功夫”[kaŋ^{33}hu^{33}]就是讲究的意思，因此“功夫茶”就是比较讲究

图4－55 茶罐

图4－56 茶具

泡茶的方式，说白了也就是费功夫。平时生活中当地人很少称“食功夫茶”，都是说“食茶”，只因泡茶程序繁琐才有了“功夫”之名。

功夫茶所用的茶叶多为乌龙茶（以单枞茶居多）或当地的“炒茶”[ts^{h}a^{13}te^{55}]。揭阳人喜欢“老茶”[lau^{11}te^{55}]，普遍认为“老茶”醇香而利脾胃，因此不少人家存有几年乃至几十年的“老茶”。这些“老茶”一般存放在陶土或陶瓷的“茶罐”[te^{11}kuaŋ^{213}]里，能保存一二十年。普宁贵政山茶罐（见图4–55）造型精美，品质优良，茶叶能保存三十年而不变质，在东南亚一带和港澳台都享有盛誉。

茶具最基本的有“茶缸”[te^{11}kɯŋ^{33}]、“茶盘”[te^{11}puã^{55}]、“茶壶”[te^{11}hu^{55}]或“茶瓯”[te^{11}au^{33}]、茶杯[te^{11}pue^{33}]（见图4–56）。潮汕人喜欢浓茶，因此放入的干茶叶几乎占据半个茶壶，冲泡开来茶壶里满满的都是茶叶（见图4–57）。茶杯的口径只比一元硬币略宽，无论是茶壶还是茶瓯，容量一般都是够倒三杯茶。功夫茶搭配三个杯子居多，即使人多也是如此，据说这样喝茶时可以增加闲聊的时间，也体现互相之间的谦让精神。这样带来的结果是每次喝完都得洗杯子，近年来，人们开始觉得麻烦和不太卫生，有的人家就开始按人数分配茶杯，也就不用每次都洗杯子了。其实，喝茶也是一种交际，喝是其次，交流才是目的，所以再费“功夫”也是很受欢迎的。

图4－57 满满的茶叶

泡功夫茶必须用刚煮沸的水，倒入开水时应离茶壶远点儿，所以谓之“冲”，水一般不直接冲入茶壶中心，而是从边缘进入，说法是避免“冲破茶胆”，破坏茶香。除用开水冲洗茶杯外，第一遍茶往往也用来洗茶杯，第二杯才正式饮用。“冲茶”[ts^{h}oŋ^{33}te^{55}]

时注重均匀，同一壶茶，底部和上面的“厚”[kau³⁵]（浓）“薄”[poʔ⁵]（淡）不一样，因此不能倒完一杯再倒下一杯，而是在几个杯子间来回倾注，以免厚此薄彼（见图4–58）。如果使用“茶瓯”，冲茶时手要注意拿着底部和盖子，不能过久地触碰壶体，以防烫伤。

图4－58 冲茶

过去泡功夫茶的水是现煮的，用一个“炉”[lou⁵⁵]（炉子）（见图4–59），放上木炭。如今即使是在农村，也不使用炉子了，都改用电热水壶或者电磁炉了。

图4－59 炉

井 [tsẽ⁵³]

是潮汕地区常见的水源采集处，每个村庄都有，多为村民所共用，圆形、方形皆有，周围常常铺上石板或水泥，方便洗衣，人们将这片井边的空地称为“井骹”[tsẽ¹³kʰa³³]。

普通的“井”是公用的，自家私有的是“摇井”[iau¹¹tsẽ⁵³]，汲取地下水，简单方便，很好地解决了生活用水的问题，“摇井”在揭阳的乡镇非常普遍，几乎家家都有。

图4－60 井

图4－61 摇井

图4－62 担水

图4－63 洗衫

图4－64 洗衫枋

担水 [tã³³tsui⁵³]

家里没有“摇井”的人家就得到公用的井挑水，挑称“担”[tã³³]，挑水就是“担水”。

洗衫 [soi¹³sã³³]

即洗衣服，是乡村妇女每天必须进行的活动，多在太阳初升时进行。揭阳地区各村都有水井，尽管不少家庭都有“摇井”，人们还是愿意到“井骹”“洗衫”，都说井边水多，用“骹桶”[kʰa³³tʰaŋ⁵³]（大的盆）漂洗，能洗得比较干净。上世纪七八十年代乃至九十年代，饮用水较为紧张，女人们多到小溪小河里洗衣服，这时就得使用“洗衫枋”[soi¹³sã³³paŋ³³]（搓衣板。见图 4–64）。

饲猪 [$ts^hi^{11}tɯ^{33}$]

就是喂猪、养猪。猪是揭阳地区的重要肉食，不少祭祀的场合也会以全猪或猪头为供品，因此养猪这一农业活动在揭阳地区的乡村仍然存在，除了近年出现的集体养殖户，仍有不少人家在自己家里养猪。过去养猪的人家比较多，还有专门的“猪中”[$tɯ^{33}toŋ^{33}$]为各种与猪交易相关的业务牵线，比如“掠猪团”[$liaʔ^{2}tɯ^{33}kiã^{53}$]（买小猪）、“卖猪母”[$boi^{11}tɯ^{33}bo^{53}$]（卖母猪）、“卖猪”[$bo^{11}tɯ^{33}$]（卖肉猪）等。

图4－65 饲猪

灶 [$tsau^{213}$]

近年来，煤气灶在县市已经大大普及，不过农村地区仍以土灶为主，一方面是传统的生活习惯，另一方面是潮汕人喜欢的“粿”用土灶来蒸会方便很多。揭阳地区的灶多有两个灶膛，一个上面放“鼎”[$tiã^{53}$]，用来炒菜或蒸食物，一个上面放“锅”[ue^{33}]，用来烧水、煮饭，放锅的灶膛一般开两个口，也就是同时放两个锅。灶成“7”字形，烟囱正好位于转角处。

图4－66 灶

图4－67 □物燃 [tsʰue^{11}bueʔ^{2}hiã^{55}]

□物燃 [tsʰue^{11}bueʔ^{2}hiã^{55}]

“物燃”[bueʔ^{2}hiã^{55}]就是土灶所用的燃料，“□”[tsʰue^{11}]是寻找的意思。过去用土灶的多，需要的燃料也多，因此得到野外或者山上寻找可以用来燃烧的树叶、树枝和干草等。现在炉灶改良，且很多潮汕人外出，“物燃”在乡村几乎随处可得，把路边的野草割了晒干就是很好的燃料了。农村中还是很喜欢用土灶，只是农村中的孩子已经不是所有人都懂得“燃火”[hiã^{11}hue^{53}]（烧火。见图 4–68）了。

图4－68 燃火

□柴 [loi^{42}tsʰa^{55}]

指劈柴。农村中从山上收集来的大的树枝需要用斧头劈开作为柴火使用。

图4－69 □柴 [loi^{42}tsʰa^{55}]

图4－70 刮锅

刮锅 [kueʔ⁴ue³³]

土灶用柴草烧的时间长了，锅和“鼎”[tiã⁵³]底部就会有灰，需要定期清理才能保证燃烧通畅，清除锅底的灰称为“刮锅”，如果清理的对象是“鼎”则称“刮鼎”[kueʔ⁴tiã⁵³]。

时钟 [si¹¹tseŋ³³]

揭阳的老式时钟多为挂钟，现在在农村仍是常见之物。尽管整点半点都有钟声报时，人们的睡眠却一点儿不受影响，不过，久居外地年节归家的人就难以适应这样的钟声了。

𡚸 [ĩ³⁵]

即睡觉。打鼾称“鼾”[huã⁵⁵]，起床称为“早起”[tsau¹³kʰi⁵³]。

图4－71 时钟

伍·农工百艺

图5-1 农工百艺

揭阳地区的主要粮食作物是水稻，子实稻谷俗称“粟”[ts^{h}ek^{2}]，大米则只称“米”[bi^{53}]。五六十年代曾经种植过小米，后因产量不高，当地人也不爱吃，逐渐就没人种植了。揭阳地区地少人多，土地的利用率比较高。水稻一年两季，称“头季”[t^{h}au^{11}k^{h}ui^{213}]、“尾季”[bue^{13}k^{h}ui^{213}]（或“二季”[ʥi^{11}k^{h}ui^{213}]）。秋季收成后田里也不空着，有人会接着种上一些生长周期较短的植物，像芋头或各种瓜类，到了春季播种的季节再继续播种水稻。揭阳地区水稻的产量一直比较高，这得益于肥沃的土地，同样也得益于当地农民的种植经验，外人称赞揭阳人“种田如绣花”，可见所下的功夫是很深的。除了水稻，瓜果蔬菜的产量也都比较高，这都是优良的耕作传统所带来的。正因为这些种植经验，使得不少揭阳人到珠江三角洲谋生时以“种菜园”[tseŋ^{42}ts^{h}ai^{42}hŋ^{55}]（种菜）为重要手段，并有不少人因此而发家致富。“绣花”式的耕作方式带来高产，却是比较耗费体力的，揭地妇女除了料理家务外，多需参加各种农业活动，以致多数女人上了年纪以后都有驼背、风湿之疾。

除水稻外，当地较多种植的农作物有“番薯”[faŋ^{33}tsɯ^{55}]（甘薯）、“地豆”[ti^{11}tau^{11}]（花生）、“芋”[ou^{11}]（芋头）、“树薯”[ts^{h}iu^{11}tsɯ^{55}]（木薯）、“菜头”[ts^{h}ai^{42}t^{h}au^{55}]（萝卜）、“淮山”[huai^{11}suã^{33}]（山药）等。由于揭地和暖潮湿，各类瓜果蔬菜四季不断。揭阳人勤劳肯干，山上凡是可以“种作”[tseŋ^{42}tsoʔ^{2}]（耕种）的土地都会被开垦种上甘薯、木薯等作物。近年来外出的人口多，劳力少了，山上便种起了相对容易打理的“肉眼”[nek^{2}ãi^{53}]（龙眼）和“荔果”[nai^{11}kuãi^{53}]（荔枝）。还有一些农村中的中年劳力，承包了村里的土地，挖成池塘，放养鱼苗，以此增加收入。

一　农事

塍 [$ts^ha\eta^{55}$]

指水田。“田”字往往训读为“塍”[$ts^ha\eta^{55}$]，“塍园”[$ts^ha\eta^{11}h\eta^{55}$]就是“田园”的训读，“作塍园”[$tso\text{ʔ}^4ts^ha\eta^{11}h\eta^{55}$]揭阳话中指种地耕田，农民也常自称“作塍园农”[$tso\text{ʔ}^4ts^ha\eta^{11}h\eta^{11}na\eta^{55}$]。“塍”是种植水稻的地方，有时也会种植芋头和莲藕等需水量较高的作物，部分湿润而无水的“塍”会被种上各种蔬菜。“塍”中多有“沟囝”[$kau^{33}ki\tilde{a}^{53}$]（小水沟）连接溪流，若天旱少雨，可以引水入“塍”。“塍”中的小路称为“塍岸”[$ts^ha\eta^{11}hu\tilde{a}^{11}$]，非常窄小，最窄的只能单脚勉强站立（见图 5–3）。

图5－2 塍

图5－3 塍岸

园 [hŋ⁵⁵]

指旱地。多用来种植地瓜、花生、木薯等需水量较少的作物。揭阳地少，因此一些小山丘也会被开垦作为“园”使用，这种“园”一般会根据地势一级一级往下降。近年务农的人大大减少，有不少的“园”被种上了果树或者直接荒废了。

图5－4 园

犁塍 [$loi^{11}ts^{h}a\eta^{55}$]

就是犁地。传统的劳作方式是以牛带犁，由于养牛麻烦，农村中出现了专门饲养耕牛的农户，农忙时租给别人使用。上世纪八九十年代起开始有人使用“拖拉机”[$t^{h}ua^{33}la^{33}ki^{33}$]犁田（见图 5–5），不过揭阳有不少地区属于丘陵地带，较少大片的农田，且农田需下分各家，这样田的面积就更是小之又小了，因此，拖拉机在揭阳农村并未完全普及。“犁塍”和“耙塍”（见下条）在过去是重要的农事活动，插秧前必须进行，这样水稻的产量才比较高，如今有一些简省的办法，就是“头季”割完稻子后直接撒药，让“釉骹”[$tiu^{11}k^{h}a^{33}$]（稻子的根茎）腐蚀，同时引水浸泡，再让太阳曝晒十天半月便可以插秧，省去了“犁”[loi^{55}]和“耙”[pe^{55}]的工夫。有的农户认为这样会使产量受影响，仍然坚持传统的牛耕方式。

图5－5 拖拉机

图5－6 犁塍

图5－7 耙塍

图5－8 掘园

耙塍 [pe^{11}ts^{h}aŋ^{55}]

指耙地。与“犁塍”的方式一样，以牛带耙。

掘园 [kuk^{2}hŋ^{55}]

指翻耙整理旱地，多使用锄头进行。

秧 [ŋ^{33}]

指水稻的幼苗。种植水稻的第一步是“浸粟种”[tsim^{42}ts^{h}ek^{4}tseŋ^{53}]（浸泡种子）、“也⁼秧”[ia^{11}ŋ^{33}]（播种），“粟种”[ts^{h}ek^{4}tseŋ^{53}]长出小牙后先种在田里或者比较松软的地里，密度较大，等长到十几厘米长的时候就拔出来，分成小撮再种到田里。

图5－9 秧

图5－10 布𦟌

布𦟌 [pou⁴²tsʰaŋ⁵⁵]

指插秧。广东很多地区上世纪九十年代以后开始使用了抛秧的耕作方式，但抛秧在揭阳地区很少见，多数人认为种的时候方便，收割的时候麻烦，因此，用手将一小撮一小撮的秧苗整齐地插在田里仍是揭阳农民最喜欢的插秧方式。

踢𦟌草 [tʰak⁴tsʰaŋ¹¹tsʰau⁵³]

田里的杂草会和秧苗一起成长，因此，从插秧到收割期间，需要到田里“踢𦟌草”。之所以用“踢”[tʰak²]而不用“挽”[maŋ⁵³]（拔），是因为田里水较多，草不会牢固地长在土里，用脚踢一踢就连根拔起了。晚季的土较干，会长一些高一点儿的杂草，这时就得用手“挽”了。

图5－11 釉

釉 [tiu³⁵]

指水稻这种植物。

图5－12 割釉

割釉 [kuaʔ⁴tiu³⁵]

就是收割稻子。揭阳地区早晚两季收割的情况有所不同，早季田里水多，晚季基本没水，收割、运送稻谷要方便一些。

拍粟 [p^{h}aʔ^{4}ts^{h}ek^{2}]

指脱粒，是收割稻子的重要环节，多在田里进行。劳作的人们一般分成两拨，一拨割稻子，一拨“拍粟”。拍粟需要借助“拍粟机”[p^{h}aʔ^{4}ts^{h}ek^{4}ki^{33}]完成，手拿稻子，脚踏带动机器的踏板，比较消耗体力，通常由年轻力壮的劳力来干。

图5－13 拍粟

草总 [ts^{h}au^{13}tsaŋ^{53}]

指脱粒后的成把的稻草。一般“拍粟”完成后就将稻草一把一把地捆起来，放在田里或路边曝晒，晒干后作为柴火使用。

图5－14 草总

曝粟 [p^{h}ak^{2}ts^{h}ek^{2}]

指晒稻谷。水稻从田里脱粒后运到“阳埕”[iaŋ^{11}tiã^{55}]翻晒，艳阳天也需要几天才能将谷子晒干。揭地夏季多台风，经常前一刻还艳阳高照，接着就乌云密布了，因此早季的稻子翻晒时经常遭遇风雨，需要时时照看。

图5－15 曝粟

图5－16 搅粟

搅粟 [ka13tsʰek2]

指稻谷晒干后用“风柜”[huaŋ33kui11]将“奅粟”[pʰã42tsʰek2]（秕谷）筛掉。

掌牛 [tsiõ13gu55]

即放牛。过去多由十来岁的孩子放养，如今耕牛少了，牧童也消失了，人们在田里劳作，便让牛在附近的草丛中自由地吃草。过去“掌鹅”[tsiõ13go55]、“掌鸭”[tsiõ13aʔ2]也比较常见，如今不多见了。

担蛆 [tã33tsʰou33]

“蛆”不单指蛆虫，是“屎缸”[sai13kɯŋ33]（旱厕）下面排泄物以及虫子等的统称，“担蛆”是将这些东西作为肥料挑到地里给蔬菜或瓜果“落肥”[loʔ2pui55]（施肥）。“蛆”和草灰是最好的有机肥料，能使植物生长旺盛，不过随着传统旱厕数目的急剧下降，这种蓄积肥料的方式已经越来越少了。

图5－17 掌牛

匀⁼火铇⁼ [uŋ^{11}hue^{13}pu^{55}]

草灰是很好的肥料，因此有些农民会在地里或者田里将杂草割除，晒干后点火燃烧成灰，以此使土地肥沃，俗称“匀⁼火铇⁼”。在上世纪七八十年代，“匀⁼火铇⁼”对孩子来说是一件乐事，他们会将地瓜或者鸡蛋放在里面一起烧，草烧完了地瓜等也就煨熟了。还有人刻意拿一些稻谷，在火里一爆就成了爆米花。

图5－18 匀⁼火铇⁼

图5－19 雾药

雾药 [bu^{11}ioʔ^{5}]

指打农药。多数的农作物种下不久都需要打农药防虫，过去多将农药放在桶里稀释，用喷雾水枪喷洒。如今有专门的工具，一个小水箱在背上背着，连着一根管子到喷雾水枪，使用起来更方便了。农药的用途也比过去要广泛了，除了喷洒农作物外，还用来喷洒杂草，尤其是屋前屋后，居住的人少了，杂草丛生，人们懒得动锄头，直接喷上点儿农药，草也就不再长了。

种番薯 [tseŋ^{42}huaŋ^{33}tsɯŋ^{55}]

番薯就是甘薯，是揭阳人爱吃的农作物之一，大多数地区都有种植。番薯容易打理，种下以后几乎就不用去管它了，不过最初的功夫很重要，需要将土屯高，再插上“番薯藤”[huaŋ^{33}tsɯŋ^{11}teŋ^{55}]。

图5－20 种番薯

种地豆 [tseŋ⁴²ti¹¹tau¹¹]

地豆即花生，也是揭阳常见的农作物，除了用来榨油外，还可以做甜汤，同时也是“红桃馃”[aŋ¹¹tʰo¹¹kue⁵³]的重要材料。

图5－21 种地豆

种芋 [tseŋ⁴²ou¹¹]

芋头也是常见的农作物，尽管有不少人对芋头过敏，但“返砂芋”[huaŋ¹³sua³³ou¹¹]是宴会必有的甜食，也是中秋必备的供品，因此芋头的种植有增无减。芋头喜水，因此不能像地瓜那样种在旱地，必须种在田里或者湿润一点儿的地里。

图5－22 种芋

种荔果 [tseŋ⁴²nai¹¹kuãi⁵³]

“荔果”[nai¹¹kuãi⁵³]和“肉眼”[nek²ãi⁵³]都是揭阳地区重要的经济作物，由于农村中外出到珠江三角洲的人员较多，年轻劳力流失严重，“荔果”“肉眼”相对容易打理，种植者较多。农村中旱地和山上到处可见成片的“荔果树”[nai¹¹kuãi¹³tsʰiu¹¹]（见图 5–23）和“肉眼树”[nek²ãi¹³tsʰiu¹¹]。

图5－23 荔果树

放鱼池 [paŋ^{42}hɯ^{11}ti^{55}]

指养鱼，也称“饲鱼”[tsʰi^{11}hɯ^{55}]，是现代农村中重要的副业，能增加不少收入。过去养鱼的不算多，鱼基本都是用草养大的，如今市场的需求量大了，农户也会在喂草的同时喂养饲料以加快鱼苗的生长。

图5－24 放鱼池

种棉花 [tseŋ^{42}mĩ^{11}hue^{33}]

潮汕地区明清时期种植棉花，直至新中国成立后还有农民种植棉花。当时所产棉花制品质地重密，颇受欢迎。《雍正揭阳县志》卷四“物产”及乾隆《潮州府志》卷三十九“物产”都收了“棉布”一条，前者言“寒暑自织自衣”，后者言“所出极多”。旧时揭阳地区常有民间手艺人到各乡村弹棉花，现在已不多见，不过民间有“拍棉机”[pʰaʔ^{4}mĩ^{11}ki^{33}]（见图 5–25）和“棉花筛”[mĩ^{11}hue^{33}tʰai^{33}]（见图 5–26）等旧物见证棉花种植的历史，揭西县境内“棉湖”[mĩ^{11}ou^{55}]这一地名也从另一角度反映了棉花曾在一个较大的范围内种植。

图5－25 拍棉机

图5－26 棉花筛

二　农具

图5－27 锄头

锄头 [tɯ^{11}tʰau^{55}]

最常见的农具之一，木柄、铁头，锄草松地都离不开。

图5－28 镰

镰 [niam^{55}]

即镰刀，刀片上带小齿，是割稻子和草的工具。

图5－29 厚刀

厚刀 [kau^{11}to^{33}]

是一种砍柴、劈柴用的刀，长而窄，比一般的刀厚、重。

图5－30 犁

犁 [loi^{55}]

翻土用的农具。

图5－31 耙

耙 [pe^{55}]

耙有两种，一种是松地用的，一种是犁田以后将大块的土耙碎用的，都有铁齿。前者主要是手握，有长柄，后者需用牛带动，使用方法和犁一样，都通过“牛担鞍”[gu^{11}tã^{33}uã^{33}]（图 5–31 中近似弓形的木头便是）和牛牵连在一起。“牛担鞍”在治丧“扫寿”[sau^{42}siu^{11}]时也需要用到。

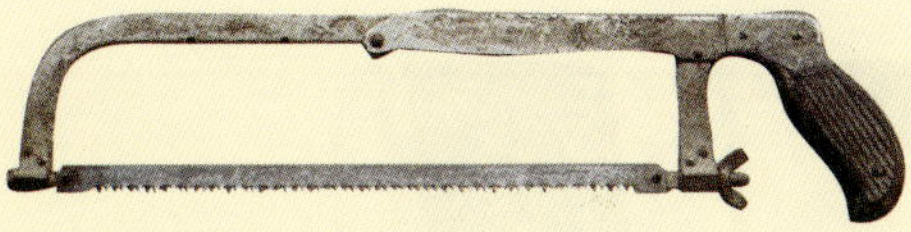

图5－32 锯

锯 [kɯ^{213}]

就是锯子。

斧头 [pou^{13}t^{h}au^{55}]

即斧子。柄有长短，长柄用双手把着，力度较大，适合劈较硬的木头，像荔枝的树干之类的。

图5－33 斧头

拍粟机 [p^{h}aʔ^{4}ts^{h}ek^{4}ki^{33}]

即脱粒机。底部是一个大的铁皮筐，用来盛脱粒后的稻谷；上面是一个木头做的滚筒，木条上有许多半椭圆形的铁圈，起脱粒的作用；机器旁边的齿轮连着滚筒和踏板，脚踩踏板就能使机器运作起来。

风柜 [huaŋ^{33}kui^{11}]

是筛掉秕谷的农具。谷子从顶上的漏斗漏下，摇动装有木片的滚筒产生风。实的谷子重，从大的与漏斗几乎成直线的口子下来；秕谷轻，就被风吹到较远的那个通道。

图5－34 拍粟机

图5－35 风柜

图5－36 水车

水车 [tsui^{13}tsʰia^{33}]

是清朝年间到上世纪五六十年代揭阳地区最主要的灌溉工具。揭阳的水车多为龙骨脚踏水车，因长串的叶片似龙骨而得名。水车如今已被抽水机替代，不过，揭阳俗语仍有不少关于水车的内容，如用“犁耙水车样样齐”[loi^{11}pe^{55}tsui^{13}tsʰia^{33}iõ^{11}iõ^{11}tsoi^{55}]说明家庭富有，用“客团数水车——数无路”[kʰeʔ^{4}kiã^{53}siau^{42}tsui^{13}tsʰia^{33}，siau^{42}bo^{11}lou^{11}]（客家人不会踏水车，无法数清楚上面的叶片数目）表示无从下手。清末诗人丘逢甲曾写下“轧轧车声水满陂，溪山佳处客行迟”的诗句，这些都是潮汕地区曾经广泛使用水车的见证。

图5－37 砻

砻 [laŋ^{55}]

又称“涂砻”[tʰou^{11}laŋ^{55}]，是脱壳的工具，上世纪五六十年代仍有使用。“砻”分上下两部分，使用时转动上面的部分。圆柱形的外圈由竹篾制作，中间是木片和泥土的混合体，起磨合作用的“砻齿”[laŋ^{11}kʰi^{53}]是固定在土块上的薄薄的木片（见图 5–38）。

图5－38 砻齿

图5－39 臼（1）

图5－40 臼（2）

臼 [kʰu³⁵]

舂米的器具。早已弃置不用，很难找到完整无缺的了。使用时稻谷放在小坑里，"舂"[tseŋ³³]的木棒用横木固定在小坑前的石块上，利用杠杆原理踩压木棒的末端即可。

粟耙 [tsʰek⁴pe⁵⁵]

晒稻谷时散开、聚拢稻谷的工具，有长柄，但没有齿，就是一块木板。

抠耙 [kʰau³³pe⁵⁵]

也是一种散开、聚拢的工具。多用竹子制作，柄也是竹子的，"耙"的对象主要是树叶、草或颗粒较大的东西（例如花生）。过去农村中多用土灶，需要很多的柴火，"抠耙"便是收集落叶的重要工具，俗称"抠物燃"[kʰau³³mueʔ²hiã⁵⁵]。如今煤气逐渐普及，"抠耙"的作用逐渐减少，主要在翻晒花生或晒稻谷的时候用来将里头夹杂的稻草"耙"掉。

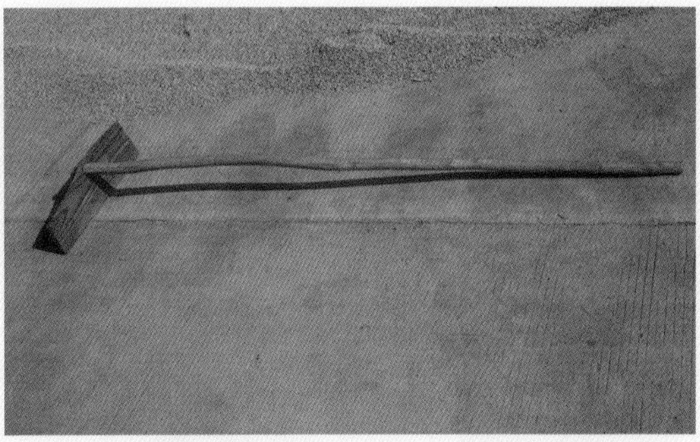
图5－41 粟耙

竹□ [tek⁴soi³³]

也称"扫□"[sau⁴²soi³³]，指用竹子末梢做的大扫把。主要用来将翻晒的稻谷聚拢成堆，也可以用来扫地。

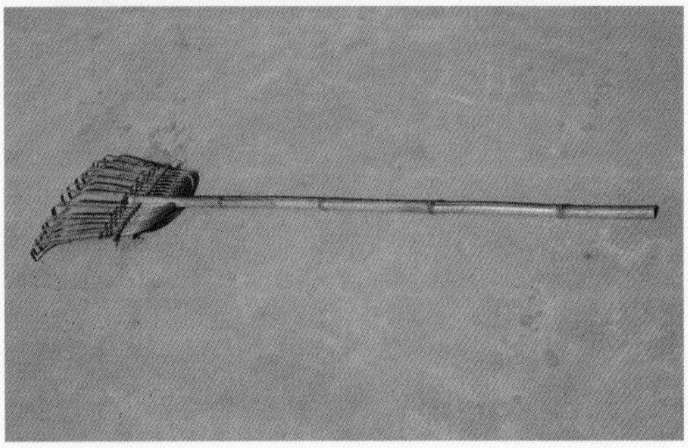
图5－42 抠耙

图5－43 竹口 [tek⁴soi³³]

箩 [lua⁵⁵]

用竹子编成的容器，方底圆口，较密，多用来装稻谷和大米等细小的东西。

筐 [kʰeŋ³³]

也是用竹子编成的容器，形状似“箩”但较疏，用来装地瓜、木薯等较大的东西。

粪箕 [puŋ¹¹ki³³]

就是粪箕子，多用竹篾编成，有提梁。主要用来盛少量的花生、地瓜或者泥土、石子、沙子等，但不用它来盛粪便。

沙箕 [sa³³ki³³]

就是簸箕。用来簸粮食，也可以作容器使用，收谷子的时候将成堆的谷子装入袋子或箩筐中。

图5－44 箩

图5－45 筐

图5－46 粪箕

图5－47 沙箕

图5－48 平担

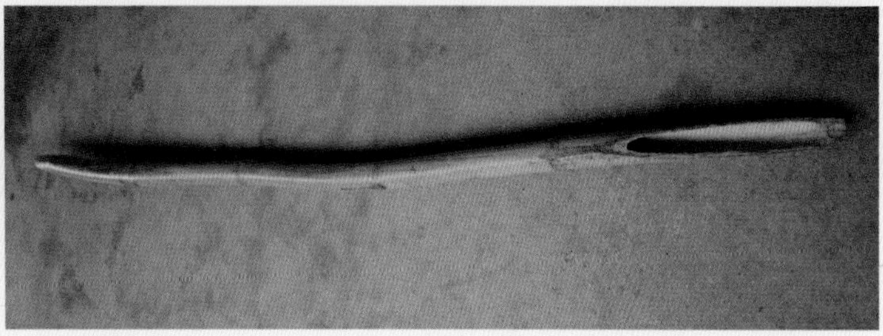

图5－49 尖担

平担 [pẽ^{11}tã^{33}]

指扁担。用木头制成。

有一种特殊的扁担称为“尖担”[tsiam^{33}tã^{33}]（见图5–49），两头尖，用竹子制成，主要用来挑成把的柴火，使用时将尖的两头直接插入柴火中。普通的扁担两头比较钝，要插入捆绑成把的柴火中不容易，用“尖担”则轻而易举就做到了。

尿桶 [dʑio^{11}tʰaŋ^{53}]

用来装“虷”[tsʰou^{33}]的器具，也是给旱地农作物浇水时盛水的重要容器。上世纪八十年代前，条件所限，室内没有厕所，同时也为了积肥，农户家里很多都设有“尿缸”[dzio^{11}kuŋ^{33}]（直径约1米，高度约60厘米）。如今已没有人使用“尿缸”了，家中没有厕所的夜里方便就改用尿桶，白天提到外面，比较卫生。

图5－50 尿桶

尿□ [dʑio^{11}tsʰiaʔ^{5}]

给蔬菜等农作物浇水的器具，有两米多的长柄，一头是像舀水的勺子那样大小的容器。长柄使浇灌变得比较方便，不用频繁来回走动。

图5－51 尿□ [dʑio^{11}tsʰiaʔ^{5}]

虷撢 [tsʰou^{33}tʰam^{11}]

用来从“屎缸”里将“虷”盛到“尿桶”的容器，有长柄，桶可以左右活动。

图5－52 虷撢

三　手工艺

作花 [tsoʔ^{4}hue^{33}]

指绣花。潮绣与广绣合称粤绣，粤绣乃中国四大名绣之一。潮绣在全国参加比赛的多为潮州和汕头的绣衣厂，但揭阳境内绣衣厂也有不少，产品甚至远销海外。有些绣衣厂将原材料下放到乡镇，由妇人在空闲的时间绣制，计件付费。潮绣的成品有衣服、戏服、枕套、屏风、桌布以及庙堂饰物等等，大的“标”[pio^{33}]（游神时抬的大锦旗。见图5–53）一般由绣衣厂制作，农村妇人所绣多为衣服或“床布”[ts^{h}ɯŋ^{11}pou^{213}]（桌布。见图5–54）。揭阳女人针线工夫都很了得，“作花”是很多妇人所喜爱的，而灵巧的手工往往也成为姑娘家相亲的重要资本。小女孩10岁左右便开始学“作花”，上了年纪的老妇人，只要眼睛还能看得清，都愿意端起“花规”[hue^{33}kui^{33}]（将布绷直的竹圈。见图5–55），做点儿这样的小手工（见图5–56）。

潮绣中的珠绣在上世纪八九十年代开始流行，是在衣服上缀上各种式样的珠子（称“珠衫”[tsu^{33}sã^{33}]。见图5–57），丝线不是刺绣的主体，只在其中起着连接引导作用，因此便有了一个有别于“作花”的名称——“作珠”[tsoʔ^{4}tsu^{33}]（见图5–58）。

图5－53 标

图5－54 床布

图5－55 花规

图5－56 作花

图5－57 珠衫

图5－58 作珠

钩花 [kau^{33}hue^{33}]

是潮汕地区传统的手工，用“钩针”[kau^{33}tsam^{33}]（见图 5–60）和线钩出各种花样，主要用作枕巾、座套和披肩等。和“作花”一样，多数女子从小便掌握这一手艺。

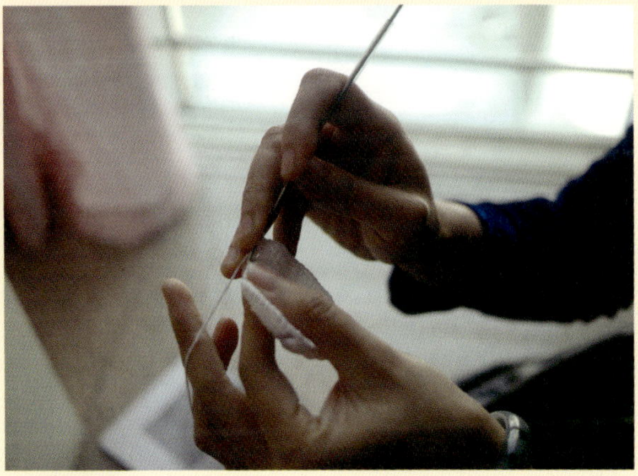

图5－59 钩花

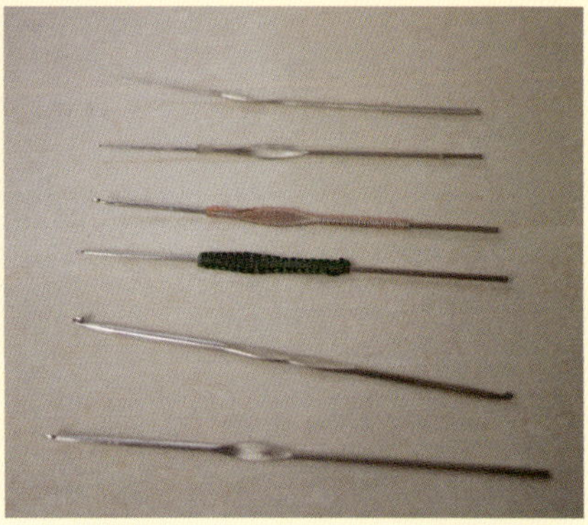

图5－60 钩针

图5－61 作表链

作表链 [tsoʔ^{4}pio^{33}liaŋ^{11}]

就是将铁片、钢片串成手表链。揭阳的很多工厂都和绣衣厂一样，将一些比较费手工的产品原材料下放到农村，像手表链、塑料花、胶鞋带等。这些简单的手工便成为农村孩童学习之余的任务，从某种程度上减轻了家庭的负担。小手工的付费很低，像手表链，一条的手工费从1毛钱到4毛钱不等，复杂的费用高但费时多。不过，小孩们心灵手巧，“骹手猛”[k^{h}a^{33}ts^{h}iu^{13}mẽ^{53}]（手脚快）的一天居然能收入二三十元，足够一家人一天的生活费了。

做灯笼 [tso^{11}teŋ^{33}laŋ^{55}]

灯笼在揭阳是常见的物品，除了祠堂门口悬挂的姓氏灯笼外，游神和治丧活动中灯笼也是必不可少的。灯笼上多有题字，除了最常见的姓氏之外，还会写上“长命富贵”“天地父母”“福”等字眼，有着祈福的意味。揭阳各地有不少专门做灯笼的手艺人。

图5－62 做灯笼

木雕 [bak^{2}tiau^{33}]

木雕在揭阳不仅表现为完整的雕刻艺术品，同时也可以是某一物品的一部

图5－63 木雕

图5－64 做木工

分，像门、床、桌、椅等。揭阳的木雕由艺术家完成的只是极少部分，更多的木雕出自普通木匠之手。揭阳的木匠平时在家中制作各种木制品，这样的行业被称为“做木工”[tso^{42}bak^{2}kaŋ^{33}]（见图 5–64），技术差点儿的只制作桌椅板凳，技术老到的便成为门、窗、床、梁等的雕刻师傅。多数的木雕都会上漆，以致看不出原来的材质，漆金的尤其如此（见图 5–65）。

图5－65 门上漆金木雕

石雕 [tsioʔ^{2}tiau^{33}]

揭阳建筑界的能工巧匠往往就地取材，在需要装饰的地方见木雕木、见石雕石，因此石雕和木雕一样，除小件的工艺品外，很多是房舍建筑的一部分，像门前的石狮、石鼓底座、屋里的石柱以及檐下、门上的花鸟虫鱼等。

图5－66 石雕

图5－67 玉雕

玉雕 [gek^{2}tiau^{33}]

揭阳玉雕在国内外都颇负盛名，不过揭阳当地并不产玉，只从事玉器加工，约有百年历史，主要集中在东山区阳美村。

篾厂 [biʔ^{2}ts^{h}iaŋ^{53}]

揭阳地区产竹子，因此有很多竹制品，用竹片（即“篾”）制作的尤多，像“篾扇”[miʔ^{2}sĩ^{213}]、“箩”[lua^{55}]、“筐”[k^{h}eŋ^{33}]、“粪箕”[puŋ^{42}ki^{33}]、“篮”[nam^{33}]、“筛”[t^{h}ai^{33}]等，各地都有小型的篾制品厂。除了专门的篾制品厂，民间还有很多制作各种竹器的竹艺人（见图 5–69），多数是流动的摊档，现场制作各种较为精细的竹制品。

图5－68 篾厂

图5－69 竹艺人

图5－70 剪纸

剪纸 [tsiaŋ^{13}tsua^{53}]

剪纸也是揭阳一种常见的手工艺活动，当地有不少专业的剪纸艺术家，而家中的女人多数也能剪出一些不错的花样供节日或婚嫁使用。

剃头 [t^{h}i^{42}t^{h}au^{55}]

新式的理发店不断涌现，专门剃头刮须的“剃头铺” [t^{h}i^{42}t^{h}au^{11}p^{h}ou^{213}]就越来越少了。

图5－71 剃头铺

图5－72 拍铁

拍铁 [p^{h}aʔ^{4}t^{h}iʔ^{2}]

即打铁，在揭阳曾是一个红火的行业，日常使用的菜刀、剪刀、镰刀、锄头、犁、耙等都能生产，如今已经没落了。即使是鼎盛时期，“拍铁铺”[p^{h}aʔ^{4}t^{h}iʔ^{4}p^{h}ou^{213}]也多数是小型作坊，师父带徒弟，最小型的也就两三人。传统的“拍铁铺”多数供奉着祖师“铁拐李”[t^{h}iʔ^{4}kuai^{13}li^{53}]的画像（见图5–73）。

拍锡 [p^{h}aʔ^{4}siaʔ^{2}]

指制作和修理锡器的行业，多数有固定的店铺。锡器（见图5–74）在揭阳地区一度很流行，从酒壶、酒杯、茶叶罐子到盘子和碗，都有锡制品。由于不锈钢的兴起，锡的使用量大大减少，而新兴技术的出现，更是让“拍锡”业不得不退出历史舞台。如今揭阳地区已经很难见到“拍锡铺”[p^{h}aʔ^{2}siaʔ^{2}p^{h}ou^{213}]，只有一些小厂家对旧物中的锡进行加工，融化成锡块（见图5–75），再卖给大型的加工厂。

图5－73 打铁祖师

图5－74 锡器

图5－75 锡块

点白铁 [tiam^{13}peʔ^{2}t^{h}iʔ^{2}]

指修理铝铁制品和搪瓷制品的行业，多数走街串巷流动作业，偏僻的农村偶尔还能见到这样的师傅。随着科技逐渐发展，生活水平逐渐提高，需要修补的物品越来越少了，这一行业走向式微也就是必然的了。

补鼎 [pou^{13}tiã^{53}]

“鼎”在揭阳话中指炒菜的锅，过去多由生铁做成，时间久了会出现破裂的现象，需要修补。补鼎业也是一种走街串巷的流动作业，起码有两人一起工作，通常是师徒二人。补鼎师傅需要手脚灵敏、技术娴熟且耐高温，否则一旦出意外，后果不堪设想。如今的“鼎”多为钢质，不易破裂，补鼎业也就逐渐没落了。

箍桶 [k^{h}ou^{33}t^{h}aŋ^{53}]

箍桶业也是流动作业，过去家家户户都有大大小小好几个木桶，如果出现松动或者破裂，便需要找箍桶匠修理。如今揭阳盛产各式塑料桶，木桶从上世纪七八十年代就开始逐渐被淘汰，箍桶师傅也就无从寻觅了。

四　商业

圩 [hɯ³³]

揭阳人将市场称为“圩”，去市场称为“上圩”[tsiõ¹¹hɯ³³]、“去圩”[kʰɯ⁴²hɯ³³]。如今乡镇中仍沿袭传统的“圩日”[hɯ³³dʑek⁵]，邻近的乡镇约定此处一、四、七“对圩”[tui⁴²hɯ³³]（见图 5–76），他处二、五、八“对圩”。尽管市场上每天都是鱼肉蔬果应有尽有，但“对圩”之日还是会比往常热闹，乡村中的人们习惯了在此日将家中的家禽瓜果送去市场上卖，同样也会在此日购回家中所需物品。

图5－76 对圩

落巷 [loʔ^{2}haŋ^{11}]

指小贩走街串巷兜售商品，有挑担子的。骑自行车的、骑摩托车的，如今城市里已很少见到，但是乡村乃至郊区还普遍存在。所售物品以吃的为主，各种肉食、咸菜、蔬果、葱姜蒜、面包、油盐酱醋都有，有的甚至连鞋子、衣服等日用品都有卖。销路最好的要数每天清晨的“豆干”（豆腐），还有夏天的“草粿”，往往还没等走完一个村落，东西就卖完了。

图5－77 落巷

图5－78 铺团

铺团 [p^{h}ou^{42}kiã^{53}]

指乡村中类似于便利店的小商店，店面较小，商住两用。所卖东西应有尽有，吃的像小孩喜欢的各种糖果、饼干、雪糕等，还有香烟、米酒、水果等，用的像扫把、洗涤剂、帽子等，玩的主要是小孩的小玩具，多是一些小而廉价的。逢年过节“铺团”都会卖一些应节的物品，部分“铺团”每天早晨还兼卖猪肉。

糖铺 [t^{h}ɯŋ^{11}p^{h}ou^{213}]

揭阳人喜好甜食，婚嫁之喜和年节之庆都少不了糖果。糖铺在揭阳非常常见，每个乡镇至少都有那么几家销售或者同时“做糖”[tso^{42}t^{h}ɯŋ^{55}]（见图 5–80）的店铺，像普宁“利合斋”[li^{11}haʔ^{2}tse^{33}]糖铺已有百年的历史，其产品不但广布潮汕地区，海内外也常有订购。

图5－79 糖铺

图5－80 做糖

茶铺 [te^{11}p^{h}ou^{213}]

图5－81 茶铺

揭阳人和其他潮汕人乃至闽南人一样喜欢喝茶，潮汕功夫茶享誉海内外。揭阳人称喝茶为“食茶”[tsiaʔ^{2}te^{55}]，几乎天天都喝，不但大人，有些小孩也都是“老茶客”[lau^{11}te^{11}k^{h}eʔ^{2}]，一户普通人家，一个月消费三五斤茶是轻而易举的。因此，从市区到乡镇，到处都有卖茶的店铺。

食店 [tsiaʔ^{2}tiam^{213}]

揭阳也是一个注重饮食的城市，条件简陋但食物可口的小食店在揭阳很常见。这些小食店有些就是四五张桌子，有些稍微大一些，能赶上“大排档”的规模。这些店铺专门做揭阳的特色小吃，让忙碌的人们不需亲自下厨便能吃到合口味的食品。揭阳人将这样的小食店开到了珠江三角洲各地，让远在异乡的潮汕人也能时时品尝家乡的美味。

卖咸杂 [boi^{11}kiam^{11}tsap^{5}]

揭阳出产各种咸菜，是揭阳人喝大米粥的佐餐佳肴，因此，便有了专门“卖咸杂”的店铺。过去这些产品多数是散装或者简装，如今“咸杂”成了家乡味道的代表，远销珠三角乃至海内外，品种增加，包装也逐渐考究起来。

图5－82 食店

图5－83 卖咸杂

做豉油 [tso^{42}si^{11}iu^{55}]

“豉油”[si^{11}iu^{55}]即酱油，是揭阳人重要的调料，用来蘸各类“炊”[tsʰue^{33}]（蒸）或“煠”[saʔ^{5}]（用清水煮）的肉食。揭阳各地都有小作坊制作酱油，散装出售，新鲜且味美，为当地人所喜爱。其中，继承传统工艺的“榕江牌”[ioŋ^{11}kaŋ^{33}pai^{55}]酱油在潮汕地区最负盛名，远销海内外。

图5－84 做豉油

卖青草 [boi^{11}tsʰẽ^{33}tsʰau^{53}]

“青草”[tsʰẽ^{33}tsʰau^{53}]指的是“青草药”[tsʰẽ^{13}tsʰau^{53}ioʔ^{5}]，生长在田间或山间。揭阳有用“青草药”的传统，各种名称和功效在民间代代相传，常见的“青草”人们都认识且知道怎么用。像感冒、发烧、咳嗽、上火等常见的小毛病都可以通过“青草”煮水来医治，而像扭伤、烫伤等也有一些相应的“青草”能治愈。乡村的人们一般自己去采集，城镇的居民不具备这样的条件，于是便有了专门的“卖青草”的店铺或摊档。有些私人的诊所备有治疑难杂症（像中风、糖尿病等）的祖传秘方，有不少是单纯用“青草”制作的。

图5－85 卖青草

图5－86 五金店

图5－87 银纸店

五金店 [ŋou^{13}kim^{33}tiam^{213}]

最初指出售各种金属制品的商店，如今单纯出售“五金”[ŋou^{13}kim^{33}]的已经很少见了，多数商店同时出售塑料制品乃至竹制品和陶器。

银纸店 [ŋeŋ^{11}tsua^{13}tiam^{213}]

拜神和祭祖是揭阳人生活的重要事件，乡镇乃至县城都有不少专门销售各种纸钱的“银纸店”。

杉厂 [sam^{33}ts^{h}iaŋ^{53}]

“杉”[sam^{33}]（见图 5–88）在揭阳是一种重要的建筑材料，传统住宅的脊檩、椽子和柱子等都需要用到。此外，家中常用的床铺和桌椅也都是用此材料制作而成。杉厂（见图 5–89）在上世纪是一个红火的行业，如今不少人家都建造楼房，杉木的使用有所减少，杉厂的数目也相对减少了。多数杉厂除了出售建筑所用的木材，还同时加工床和桌椅板凳等。

图5－88 杉

图5－89 杉厂

图5－90 砖厂

砖厂 [tsɯŋ^{33}ts^{h}iaŋ^{53}]

自从夯筑的建筑方式没落以后，砖厂开始有了市场，大多数的楼房要么采用红砖，要么采用泥砖，因此就有一些厂家在近山近水处搭棚建厂，就地取材，就近销售。

碾米厂 [tiaŋ^{13}bi^{13}ts^{h}iaŋ^{53}]

这种小型的大米加工厂在上世纪九十年代仍然普遍存在，如今比较少见了。在碾米厂之前，人们普遍使用“砻”和“臼”将稻子脱壳。

图5－91 碾米厂

商业街 [siaŋ^{33}ȵiap^{2}koi^{33}]

“商业街”这一名称是外来的，是市区与时俱进的产物。有一些商业街只许行人不许行车，还有一些采用传统的骑楼建筑，遮风挡雨，创造了更好的购物环境。

图5－92 商业街

陆·婚育丧葬

图6－1 婚育丧葬

婚事也称“红事”[aŋ^{11}sɯ^{11}]。传统的婚嫁习俗非常繁琐、讲究，包括出婚嫁前的相亲、合八字、定亲、送聘，嫁娶时的准备嫁妆、“挽面”[maŋ^{13}meŋ^{11}]、沐浴、花轿迎亲、跨火堆、拜堂、宴客、闹洞房，嫁娶后的回娘家等。如今都是自由婚恋，男女双方不一定都是潮汕人，新式的婚纱照、旅游结婚也逐渐进入揭阳地区，传统的礼节因此大为简省。与生育相关的礼俗仍然为揭阳人所重视，而这些礼俗有不少是“男女有别”的。

丧礼和葬礼在揭阳统称为“白事”[peʔ^{2}sɯ^{11}]，与“红事”[aŋ^{11}sɯ^{11}]相应。揭阳人形容事情很多常用“穧过死农事”[tsoi^{11}kue^{42}si^{13}naŋ^{11}sɯŋ^{11}]（“穧”指多）来表达，其中“死农事”就是丧礼和葬礼，可见人们对丧葬礼的重视。随着火葬的推行，葬礼在揭阳地区逐渐简化乃至消失，只在偏远的农村仍有人进行。传统的丧礼则仍然为人们所重视，儿子如果没钱治丧，女儿和族中的亲戚都会出资相助。丧葬之礼庄重而严肃，在同一个祠堂祭祀的族人一般都得参加，生人外人勿近。近年来有不少人家还专门请来摄影人员，为整个治丧制作光盘，发放给各家兄弟，以作纪念。受其他地区影响，揭阳地区治丧也出现了送花圈和挽联之俗。

一　婚事

揭阳话中夫妻称“翁姐”[aŋ^{33}tsia^{53}]，丈夫称“翁”[aŋ^{33}]，妻子称“妐”[bou^{53}]（过去也称“姐”[tse^{53}]），或互称“老”[lau^{35}]，面称则呼名或“老”；娶妻称“娶妐”[tsʰua^{11}bou^{53}]，嫁人称“做农客”[tso^{42}naŋ^{11}kʰeʔ^{2}]，俗称“嫁翁”[ke^{42}aŋ^{33}]。儿媳妇称为“新妇”[seŋ^{33}pu^{35}]，面称则称“阿嫂”[a^{33}so^{53}]（现在少用）或直呼其名，儿子结婚称为“娶新妇”[tsʰua^{11}seŋ^{33}pu^{55}]；公公婆婆称为“大官”[tua^{11}kuã^{33}]“大家”[tua^{11}ke^{33}]，面称则为“阿爹”[a^{33}tia^{33}]“阿奶”[a^{33}ne^{33}]或随男方称呼。女婿称为“囝婿”[kiã^{13}sai^{213}]，面称为“阿郎”[a^{33}nɯŋ^{55}]（现在不常用）或者直呼其名；岳父岳母称为“丈农”[tio^{11}naŋ^{55}]“丈姆婆”[tio^{11}m^{13}pʰua^{55}]，面称则随女方称呼。亲家公称“亲家”[tsʰeŋ^{33}ke^{33}]，亲家母称“青姆”[tsʰẽ^{33}m^{53}]。

□亲情 [pʰueʔ^{2}tsʰeŋ^{33}tsiã^{55}]

指谈对象，也称“□农客”[pʰueʔ^{2}naŋ^{11}kʰeʔ^{2}]。

做媒农 [tso^{42}bue^{11}naŋ^{55}]

即做媒人。这一职业在上世纪八九十年代仍然很流行，那时候，每个村里都有那么三五个已婚的“姿娘”[tsɯ^{33}niõ^{55}]（女人）专门给人介绍对象。这类人了解各村各族的情况，多数能说会道，五六十岁的居多，如今已经很少见了。

相睇 [sio^{33}tʰõi^{53}]

“睇”[tʰõi^{53}]指看，“相睇”[sio^{33}tʰõi^{53}]就是相亲，多在男方或女方家里进行。双方一般都会带着自家的长辈（“姑姨舅妗”[kou^{33}i^{11}ku^{11}kim^{35}]等）作为军师。男方主要看女方的长相、品性、健康状况等；女方主要了解男方的家境、人品、为人处世等。一些贫穷的人家，在女方到来之前会向邻居借一些像样的家具摆着，以免给女方留下不好的印象。有些女子遭遇了这样的情况，嫁入后会认为自己是被骗过来的。

揭阳地区“相睇”多不在正月，怕万一正月里相亲不成，兆头不好，这一年往后的日子再相可能都不成。

合八字 [haʔ^{2}boiʔ^{4}ʥi^{11}]

传统的婚嫁中，“合八字”是很重要的环节，如果八字不合，男女双方再怎么合眼也是不可能结婚的。首先由媒人将写有女方的姓名、八字、籍贯等信息的帖子交给男方，男方找算命先生合算，看是否相合。确定相合后还需将双方八字写在红纸上，放在司命公前，压上两碗清水放三天，三天后水依然清净、家中没有出现不好的事情则为吉，称“三日好”[sã^{33}ʥek^{2}ho^{53}]。这样男方才将八字由媒人送去给女方，女方同样找算命先生合算相生相克的问题。

揭阳地区嫁娶多喜男大女小，但一般忌大 6 岁，因大 6 岁常有“六合”[lak^{2}haʔ^{5}]和“六冲”[lak^{2}ts^{h}oŋ^{33}]的问题，需经算命先生仔细推算才行。生肖也是揭阳人所看重的，不过主要是针对女方，认为属虎的女子性情凶猛，会克夫，尤其是上半夜出生的（觅食之虎）。此外，属相上还有牛马、鸡狗、蛇鼠、猪猴、虎羊和龙兔不合之说。当然，最后定夺在于算命先生，若观念与先生所言有出入，仍以先生之言为重。

丸卵 [ĩ^{11}nɯŋ^{35}]

是糯米丸子加鸡蛋做成的甜汤，是招待贵客的甜食。男女双方第一次到对方家，都要用“丸卵”招待。此外，首次会见的客人或者长时间没见的客人一般都要用“丸卵”招待。“丸”[ĩ^{55}]的材料有糯米面儿和薯粉两种，糯米面儿和好后搓成圆的或者橄榄形的小丸子，薯粉则要用一种相当于礤床的竹篾器具来使其成形，煮的时候加入糖和荷包蛋（或事先煮熟的鸡蛋）。如今薯粉的“丸”较少见，以糯米粉为原料居多。

图6－2 丸卵

定亲 [tiã^{11}tsʰeŋ^{33}]

相当于订婚。由男方置办礼物送到女方家，把亲事定下。礼物包括耳环或戒指、项链等首饰，面条、猪肉、饼干、白糖、“地豆条”[ti^{11}tau^{11}tiau^{55}]（用花生做的糖）和“瓜册”[kue^{33}tsʰeʔ^{2}]（用冬瓜做的糖）等，女方则回赠一些饼干和糖果。双方都将对方所送的糖、饼送给亲戚朋友，以此告知亲戚和邻里喜事将近。

定亲的仪式如今已逐渐简化，通常不单独进行，与送聘合二为一了。

掼日 [kuã^{11}ʥek^{5}]

“掼”[kuã^{35}]是“拎”的意思，“掼日”指将送聘和迎娶的日子写在红纸上送到女方家。红纸上的内容主要是各项事情进行的日期、时辰以及相冲的生肖，具体事项包括“裁衣”[tsʰai^{11}i^{33}]、“纳采”[nap^{2}tsʰai^{53}]（送聘礼）、“上笄”[tsiõ^{11}ki^{33}]（梳头）、“于归”[i^{33}kui^{33}]（迎亲）、“归宁”[kui^{33}leŋ^{55}]（婚后回娘家）等。红纸上的文字过去多由乡里懂文墨的人书写，如今有印刷好的成品，只需填入时辰、相冲等信息即可。

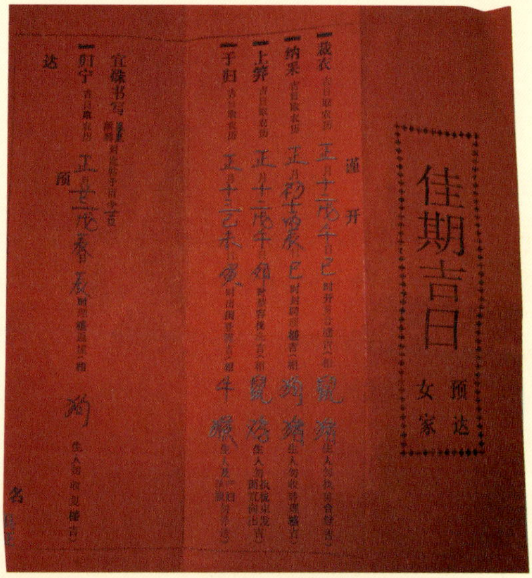

图6－3 掼日

送聘 [saŋ^{42}pʰiã^{213}]

迎娶前的重要活动，双方都非常重视。由准新郎和自家的叔舅等前往，男方父母不能参加。传统的聘礼包括金银首饰、牲畜瓜果以及绫罗绸缎等，穷的人家便有所简省，但鸡和酒都是不可缺少的。如今聘礼首先是“聘金”[pʰiã^{42}kim^{33}]，其次是实物，聘金的数目双方往往要讨论好几次才能确定。聘金是送给女方父母的，对女方来说当然是越多越好，而男方大多不希望花费太多，因此有时会出现讨价还价的情况，嫁女似乎成了“卖女”了。因聘金谈不妥而婚嫁不成的情况也是有的。

送聘首先必须有“帖盒”[tʰiap^{4}ap^{5}]，里边放上“石榴花仙草”[sioʔ^{2}liu^{11}hue^{33}siaŋ^{33}tsʰau^{53}]、“十二版帖”[tsap^{2}ʥi^{11}pãi^{13}tʰiap^{2}]和“聘金”[pʰiã^{42}kim^{33}]（见图6–4）。

图6－4 帖盒

“十二版帖”[tsap^{2}ʥi^{11}pãi^{13}t^{h}iap^{2}]（见图6–5）包括：“开门帖”[k^{h}ui^{33}mɯŋ^{11}t^{h}iap^{2}]、“总帖”[tsoŋ^{13}t^{h}iap^{2}]、“呈新娘帖”[t^{h}iã^{11}seŋ^{33}niõ^{11}t^{h}iap^{2}]、“呈族长辈帖”[t^{h}iã^{11}tsok^{2}tsiaŋ^{13}pue^{42}t^{h}iap^{2}]、“呈亲家帖”[t^{h}iã^{11}ts^{h}eŋ^{33}ke^{33}t^{h}iap^{2}]、“呈祖父帖”[t^{h}iã^{11}tsou^{13}pe^{11}t^{h}iap^{2}]、“呈叔伯帖”[t^{h}iã^{11}tsek^{4}peʔ^{4}t^{h}iap^{2}]、“呈岳父帖”[t^{h}iã^{11}ŋak^{2}pe^{11}t^{h}iap^{2}]、“呈姻兄弟帖”[t^{h}iã^{11}eŋ^{33}hiã^{33}ti^{11}t^{h}iap^{2}]、“女回亲家帖”[nɯŋ^{53}hui^{11}ts^{h}eŋ^{33}ke^{33}t^{h}iap^{2}]、“伴帖”[p^{h}uã^{11}t^{h}iap^{2}]（两张）。每张帖就是一张红纸，折成五折再用红纸包着（见图6–6），最后再将十二张帖都放在“帖盒”里。女方如无其他意见，便回帖，也是十二张，如此便算“完聘”[uaŋ^{11}p^{h}iã^{213}]，此谓“完聘十二帖”。

聘礼（见图6–7）的实物在过去是非常讲究的，需要有五牲，像鸡、鸭、鱼、猪肉和鱿鱼等。猪肉是两块，分别为“弯腰□”[ua^{33}io^{33}seʔ^{2}]（“□”[seʔ^{2}]是猪肉的单位，相当于长条形）和“洗屎裙”[soi^{13}sai^{13}kuŋ^{55}]，前者表示二人“弯腰好合”，后者是答谢岳父岳母的养育之恩的。此外还需要有酒、面条、布匹、大桔、白糖和各类糖果，数目都是双数。其中糖的种类主要有“米方糖”[bi^{13}paŋ^{33}t^{h}ɯŋ^{55}]（见图6–8）、“地豆条”[ti^{11}tau^{11}tiau^{55}]（见图6–9）、“五云方”[ŋou^{13}huŋ^{11}paŋ^{33}]（见图6–10）、“糖圆”[t^{h}ɯŋ^{11}ĩ^{55}]（见图6–11）、“鸡蛋

图6－5 十二版帖

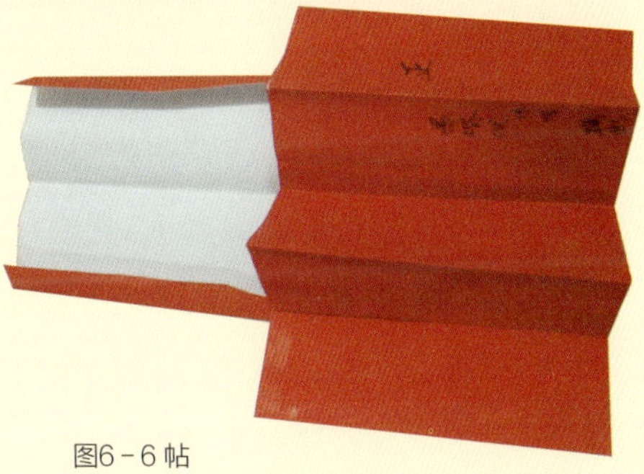

图6－6 帖

图6－7 聘礼

酥”[koi^{33}taŋ^{42}sou^{33}]（见图 6–12）、“软糕”[nɯŋ^{13}ko^{33}]（见图 6–13）等。如果女方祖父母在世，还需送猪腿和“膂饼”[la^{11}piã^{53}]（猪油饼）孝敬老人。糖果包括了“房头糖”[paŋ^{11}t^{h}au^{11}t^{h}ɯŋ^{55}]（送给岳父兄弟的糖）、“亲姆亲家糖”[ʦ^{h}ẽ^{33}m^{13}ʦ^{h}eŋ^{33}ke^{33}t^{h}ɯŋ^{55}]（送给女方父母的糖）、“阿舅糖”[a^{33}ku^{13}t^{h}ɯŋ^{55}]（送给女方舅舅的糖）等，数量较大，一般用“箩”装上挑着，有送一担的，也有送好几担的。五牲和面条等东西都放在“大槛”[tua^{11}siã^{11}]（见图 6–14）里。“大槛”[tua^{11}siã^{11}]是篮子一类的器具，婚嫁专用，两头各三层，每一层叠放物品的同时需要放置石榴枝、仙草和大橘。放完了所有东西的“大槛”[tua^{11}siã^{11}]能有一百多斤，瘦弱点儿的都会被担子压得走不动。如今有很多人嫌礼节繁琐，因此所送实物越来越少，改用礼金代替所减少的实物。

聘礼中有一部分是送给新娘的亲戚和邻里的，意为让左邻右里“食甜”[ʦiaʔ^{2}tiam^{55}]（分享喜悦），接受者需要回赠布料、衣服或化妆品之类的东西，此举称为“送花粉”[saŋ^{42}hue^{33}huŋ^{53}]。

揭阳地区的婚宴是男女方分开的，女方在男方送聘时宴请自家亲戚和“同寅”[taŋ^{11}eŋ^{55}]（年龄相仿的闺蜜），男方在迎娶当日宴请。送聘当日的宴会上，准女婿要“坐大位”[tso^{11}tua^{11}ui^{11}]（坐主宾之位），以示女方家庭对准女婿的尊重和对婚事的重视。

图6－8 米方糖

图6－9 地豆条

图6－10 五云方

图6－11 糖圆

图6－12 鸡蛋酥

图6－13 软糕

图6－14 大槛

嫁妆 [ke^{42}tsɯŋ^{33}]

送聘时女方的回礼即为“嫁妆”，过去也是非常讲究的，需要有“红布袋”[aŋ^{11}pou^{42}to^{11}]（寓意代代富裕。见图 6–15）、“香蕉”[keŋ^{33}tsio^{33}]（连招贵子。见图 6–16）、“大裙”[tua^{11}kuŋ^{55}]（生儿育女后围在摇篮四周，公公婆婆去世时放在棺木上。见图 6–17）、“橘饼”[kek^{4}piã^{53}]（见图 6–18）、“包桃”[pau^{33}tʰo^{55}]（见图 6–19）、两只“鸡蕾”[koi^{33}lui^{55}]（即半大不小的鸡，一公一母）、“房灯”[paŋ^{11}teŋ^{33}]、“芋种”[ou^{11}tseŋ^{53}]，还需要“茶筛”[te^{11}tʰai^{33}]（茶具）、“酒瓶”[tsiu^{13}paŋ^{55}]、“面桶”[meŋ^{11}tʰaŋ^{53}]（脸盆）、“骹桶”[kʰa^{33}tʰaŋ^{53}]、“椅团”[ĩ^{13}kiã^{53}]（小凳子）、“铰刀”[ka^{33}to^{33}]（剪刀）、“尺”[tsʰioʔ^{2}]、“镜”[kiã^{213}]等日常用品（见图 6–20），还要用 16 个包子将猪肝和猪心围起来，即“围肝心”[ui^{11}kuã^{33}sim^{33}]，寓意夫妻二人同心同德、肝胆相照。此外，“大橘”[tua^{11}kek^{2}]和“糖饼”[tʰɯŋ^{11}piã^{53}]也是必不可少的。过去还需要有“柴箱”[tsʰa^{11}siõ^{33}]一对（见图 6–21），如今改用“皮箱”[pʰue^{11}siõ^{33}]（见图 6–22），箱底放上“草头兜帕”[tsʰau^{13}tʰau^{11}tou^{33}pʰe^{214}]（喻草头结发、经纶满腹之意。见图 6–23）和“毫子”[hau^{11}tsi^{53}]（硬币）“矺箱底”[teʔ^{4}siõ^{33}tõi^{53}]（压箱底。见图 6–24）。如今嫁妆也有所简省，有些改以大的物件替代，像摩托车、冰箱、彩电等。

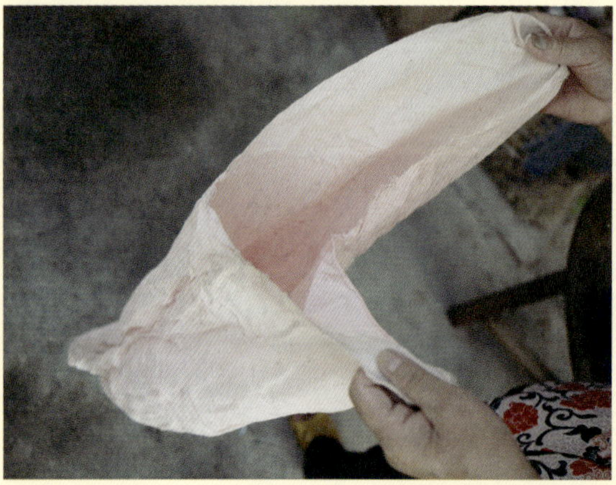

图6 - 15 红布袋

图6 - 16 香蕉

图6 - 17 大裙

图6－18 橘饼

图6－19 包桃

图6－20 日常用品

图6－21 柴箱

图6－22 皮箱

图6－23 草头兜帕

图6－24 矺箱底

不$^{=}$花斗 [puk^{4}hue^{33}tau^{53}]

送聘回来后，男方家便将女方所送嫁妆中的香蕉、铰刀、芋种、镜、尺等放在米上摆放好，连同“大糊馃”、“红桃馃”[aŋ^{11}t^{h}o^{11}kue^{53}]、“房灯”等放在婚床上，名曰“不$^{=}$花斗”[puk^{4}hue^{33}tau^{53}]。床上的东西得等到新娘入门，拜完灶君以后才能撤掉。现在行此习俗者越来越少了。

安床 [uã^{33}ts^{h}ɯŋ^{55}]

迎娶前，由算命先生看好日子，男方请族中的长辈主持“安床”[uã^{33}ts^{h}ɯŋ^{55}]、“合帐”[haʔ^{2}tiõ^{213}]（挂上蚊帐）。安床时要说一些意义美好的“四句”，诸如“良辰吉日来安床[liaŋ^{11}seŋ^{55}kek^{4}ʥek^{5}lai^{11}uã^{33}ts^{h}ɯŋ^{55}]，东西南北向四方[taŋ^{33}sai^{33}nam^{11}pak^{2}hiaŋ^{42}si^{42}hŋ^{33}]。月老仙翁童子遘[gueʔ^{2}lau^{53}siaŋ^{33}oŋ^{33}t^{h}oŋ^{11}tsɯ^{53}kau^{213}]，明年公姆来抱孙[mẽ^{11}nĩ^{55}koŋ^{33}ma^{53}lai^{11}p^{h}o^{11}suŋ^{33}]”之类的吉祥话语。讲究的人家还要将“五色种子”[ŋou^{13}sek^{4}tseŋ^{13}tsi^{53}]和“毫子”[hau^{11}tsi^{53}]（硬币）撒在床上，让“童男童女”[t^{h}oŋ^{11}nam^{11}t^{h}oŋ^{11}nɯŋ^{53}]（男孩女孩各两个）去捡，寓意儿女双全。

挽面 [maŋ^{13}meŋ^{11}]

即绞脸，是脸部美容，也是一种婚嫁礼仪，在女子出嫁的前一天进行（或由算命先生择日而定）。先在脸上抹上粉，再用两手和牙操控一根润湿的纱线在脸上上下滑动，夹掉脸上的茸毛和污垢。挽面仪式是非常庄重严肃的，女子的坐向是男方找算命先生事先算好的，而给出嫁女子挽面的则是村中“好命”[ho^{13}miã^{11}]的老妇人（晚年生活无忧，多子多孙），挽面的时候老妇人需要同时说一些吉祥的“四句”[si^{42}ku^{213}]（如：开额山[k^{h}ui^{33}hiaʔ^{2}suã^{33}]，阿妹出门解做官[a^{33}moi^{35}ts^{h}uk^{4}mɯŋ^{55}oi^{11}tso^{42}kuã^{33}]；挽圆圆

图6－25 不$^{=}$花斗（1）

图6－26 不$^{=}$花斗（2）

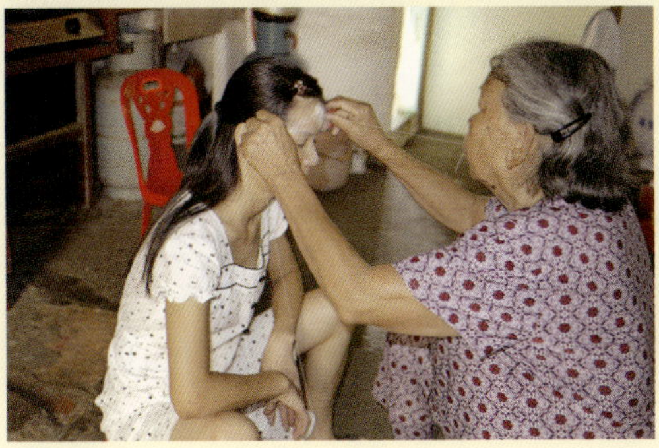

图6－27 挽面（1）

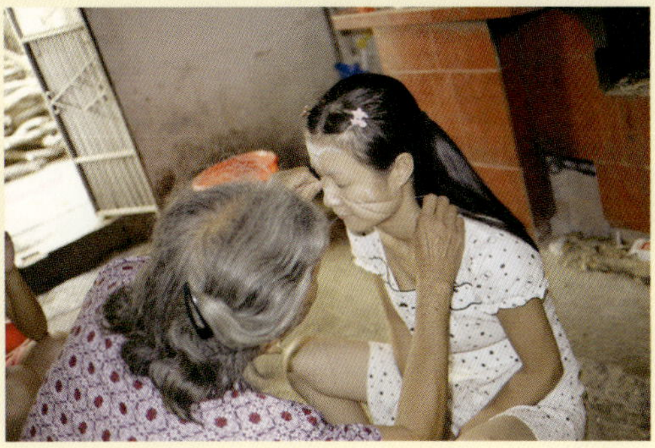

图6－28 挽面（2）

[maŋ^{13}ĩ^{11}ĩ^{55}]，阿妹出门解存钱[a^{33}moi^{35}ts^{h}uk^{4}mɯŋ^{55}oi^{11}ts^{h}uŋ^{11}tsĩ^{55}]），事后必须有红包答谢挽面的老妇人。挽面在上世纪八九十年代仍然很常见，如今逐渐绝迹，只在一些偏僻的乡村偶有出现，也只是简单地比划一下，走走过场，没有原来那么精细讲究了。

沐浴 [mok^{2}iok^{5}]

指用石榴花仙草水（有些地方是 12 种象征吉祥的花草）洗澡洗头，也是出嫁前夕进行。沐浴是书面语，俗称“洗浴”[soi^{13}ek^{5}]、“洗头”[soi^{13}t^{h}au^{55}]。过去浴毕要穿上“五裾齐”[ŋou^{13}kɯ^{33}tsoi^{55}]和“百褶礼裙”[peʔ^{4}tsiʔ^{4}li^{13}kuŋ^{55}]，这些嫁衣里外都没有口袋，据说是忌讳口袋将娘家的好运气带走。如今多穿婚纱或红色的礼服，服饰上已经不那么讲究了。

图6－29 分花

分花 [puŋ^{33}hue^{33}]

指女子出嫁前与家中的兄弟姐妹一起吃饭，吃饭前，要举行“分花”（或称“分金花”[puŋ^{33}kim^{33}hue^{33}]）仪式。就是红盘里装上石榴花和米，出嫁女子抓一把，剩下的由娘家的兄弟倒回米缸。吃饭时，出嫁女子要先吃“丸卵”[ĩ^{11}nɯŋ^{35}]，还要盛两碗米饭，一碗吃，一碗看，俗语说“食碗睇碗”[tsia^{55}uã^{21}t^{h}õi^{53}uã^{21}]（见图 6–30），象征着出嫁后衣食无忧。餐桌上需要有 12 道菜，每道菜都得吃一点儿，出嫁的女子先夹，兄弟姐妹随后。如果是独生女，这一程序则无须进行。

图6－30 食碗睇碗

娶 [ts^{h}ua^{11}]

指迎娶。对于女方来说，这一天称为“出门”[ts^{h}uk^{4}mɯŋ^{55}]或“出闺”[ts^{h}uk^{4}kui^{33}]。过去用花轿来抬，后改用自行车来接，如今和其他地方一样都是用“小车”[siau^{13}ts^{h}ia^{33}]（小轿车）来迎接了。出门时新娘一手持红伞，一手拿着“六合”[lak^{2}haʔ^{5}]（见图 6–31）。“六合”是一条红手帕包着一张写着“六合”的纸，里边包着红糖和米（见图 6–32），到新郎家将手帕中的米放在米缸里，把红糖放在水缸或者井里，意为以后与婆家人相处融洽。

迎娶前男女双方都得在自家和祠堂门上贴上“麒麟到此”[k^{h}i^{11}leŋ^{55}kau^{42}ts^{h}ɯ^{53}] 或“凤凰于飞”[hoŋ^{11}huaŋ^{55}i^{33}hui^{33}]的红纸（“到”训读为“遘”[kau^{213}]。见图 6–33），女方“出门”时所持的红伞也要粘贴，所粘贴的红纸由男方在送聘的时候一并送达。

图6－31 出门

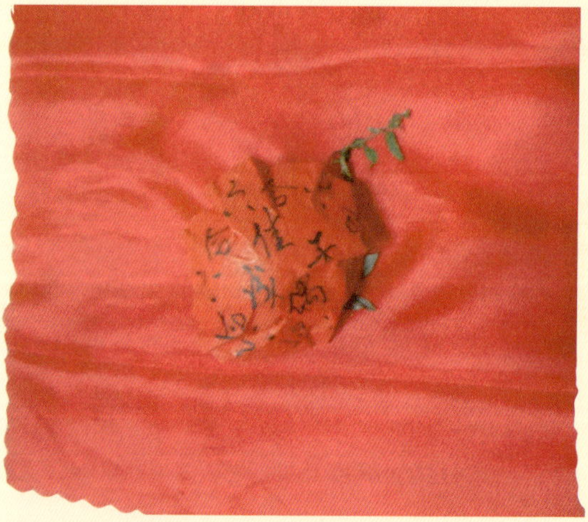

图6－32 六合

图6－33 麒麟到此

图6－34 红伞和红鞋

红雨遮 [aŋ^{11}hou^{11}tsia^{33}]

指红雨伞，是新娘出门时必备的物品，有避邪之意。男方迎娶必须在吉日良辰到达女方家，若吉时已到而男方未到，需将红伞和红鞋放在门口，表示已经出门（见图6–34）。婚嫁的吉时多为子时、丑时、寅时，为免两家半夜忙碌，多数人都是先将女子的鞋和雨伞放在门口，待天亮男方来接时再出门。揭西也有一些地方“伞”文读为[suã^{213}]，与“散”同音，因此结婚时不用红伞，而用红帽子代替。

泼花水 [p^{h}uaʔ^{4}hue^{33}tsui^{53}]

指女子出门时，其父在后泼“石榴花仙草水”[sioʔ^{2}liu^{11}hue^{33}siaŋ^{33}ts^{h}au^{13}tsui^{53}]（见图6–35）。石榴花仙草水中的“石榴花”[sioʔ^{2}liu^{11}hue^{33}]其实是“石榴枝”[sioʔ^{2}liu^{11}ki^{33}]，“泼”[p^{h}uaʔ^{4}]也只是用石榴枝蘸水轻洒。过去女子上轿，“石榴花仙草水”要洒在轿子上，如今多坐车，就洒在女子所持的“雨遮”上。按照传统习俗，女子从出门到上轿上车，必须目视前方，不能回头看。

图6－35 石榴花仙草水

图6－36 泼花水

吊猪簪 [tiau^{42}tɯ^{33}la^{55}]

指过去女子出嫁时在轿子前吊一块“猪簪”[tɯ^{33}la^{55}]（肥肉）。“猪簪”是“祭路煞”[tsi^{42}lou^{11}suaʔ^{2}]之用，平安到达夫家后，“猪簪”须由乞丐取走。如今行此风俗的人凤毛麟角，乞丐渐无，无人可摘去肥肉，花轿也无，轿车无从挂吊。极少数传统的家长仍会要求行此礼，这样就把肥肉吊在新娘所拿的雨伞上，或者干脆就以“红包”[aŋ^{11}pau^{33}]代替，这样就会有人愿意去摘取了。

图6－37 伴娘

图6－38 牵新娘

伴娘 [puã^{11}niõ^{55}]

或称“青娘姆”[tsʰẽ^{33}niõ^{11}m^{53}]，指出嫁当日陪伴、引导新娘到婆家的人。伴娘是婚礼中一个重要的角色，不能是未婚女子，都是被称为“姆”[m^{53}]（伯母）的中老年妇人，是公认命比较好的人，必须会“做四句”[tso^{42}si^{42}ku^{213}]，很多场合需要“四句”来表达吉祥之意。出嫁当日，女子的“同寅”[taŋ^{11}eŋ^{55}]（闺蜜）也会一同前往男方家，人数可多可少，只有伴娘是不可缺少的，而女子父母和兄弟姐妹则都不能同去。

牵新娘 [kʰaŋ^{33}seŋ^{33}niõ^{55}]

将新娘从夫家村口引至夫家。指引之人是男方父母从族中所挑选的老妇人，必须夫妻健在、子孙满堂（过去要求四世同堂乃至五世同堂），也就是所谓的“好命农”[ho^{13}miã^{11}naŋ^{55}]（好命人）。此举是希望新娘沾上“好命农”的好运，给夫家带来兴旺。

越火熏 [huaʔ^{2}hue^{13}huŋ^{33}]

“越”意为“跨”，“熏”即“烟”，新娘到达男方家后，需在门槛前放一个“虾笼”[he^{11}laŋ^{35}]（抓虾的工具），里面放一小把稻草，点燃散发浓烟后牵新娘者口念“新娘越火熏[seŋ^{33}niõ^{55}huaʔ^{2}hue^{13}huŋ^{33}]，千子万孙[tsʰãi^{33}tsɯ^{53}buaŋ^{11}suŋ^{33}]”，接着新娘跨过去。“越火熏”现在已逐渐消失或者简化，“虾笼”已很难寻觅，甚至稻草都不那么容易找到了，但牵新娘者进门时“做四句”[tso^{42}si^{42}ku^{213}]仍是必不可少的，如“新娘遘家来 [seŋ^{33}niõ^{55}kau^{42}ke^{33}lai^{55}]，添丁又添财[tʰiam^{33}teŋ^{33}iu^{11}tʰiam^{33}tsʰai^{55}]，明年得贵子[mẽ^{11}nĩ^{55}tek^{4}kui^{42}tsɯ^{53}]，代代发大财

图6－39 越火熏

图6－40 食丸卵

图6－41 拜司命公

[toi^{11}toi^{11}huak^{4}tua^{11}ts^{h}ai^{55}]”。新娘进门时新郎的家人要躲起来，等新娘走到屋里以后才出来，据说是为避免与新娘正面冲撞。

食丸卵 [tsiaʔ^{2}ĩ^{11}nɯŋ^{55}]

新娘进门后第一件事是吃“丸卵”，家人必须在此之前做好准备，等待新娘到来。

拜司命公 [pai^{42}sɯ^{33}meŋ^{11}koŋ^{33}]

新娘“食丸卵”后便和新郎一起“拜司命公”[pai^{42}sɯ^{33}meŋ^{11}koŋ^{33}]（灶君），表示新娘已经成为这个家庭的一员。村中其他的神明则由家人提前去祭拜。

食团圆桌 [tsiaʔ^{2}t^{h}uaŋ^{11}ĩ^{11}toʔ^{2}]

指迎娶当日午宴前新郎和新娘两人一起吃饭，其他人只作陪，不吃。共 12 样菜，有全鸡、全鱼和两样甜汤或甜菜等，每样菜夹一次，每夹一次伴娘就“做四句”，其中全鸡和全鱼要完整留着，只是比划着夹一下。

图6－42 食团圆桌

食新娘桌 [tsiaʔ^{2}seŋ^{33}niõ^{11}toʔ^{2}]

迎娶当天的男方家午宴，因新娘到来而设，故有此名。女方父母不参加，只是伴娘和“同寅”参加，餐桌上新娘“坐大位”。除了大鱼大肉，必不可少的是甜汤或甜食。甜食主要有“返砂芋”[huaŋ^{13}sua^{33}ou^{11}]（见图 6–44）和“糕烧番薯”[ko^{33}sio^{33}huaŋ^{33}tsɯ^{55}]（见图 6–45），“返砂芋”就是芋头裹上白糖，因白糖又称“砂糖”[sua^{33}tʰɯŋ^{55}]，故得此名。潮汕人热爱甜食，宴客时重要的甜菜品就是“返砂芋”。做法是先将芋头切成条状炸熟，将白糖放在锅里融成糖浆后倒入芋头条，迅速翻炒，使糖浆裹住芋头，同时用扇子或风扇吹风，加快冷却。“番薯”[huaŋ^{33}tsɯ^{55}]就是甘薯，“糕烧番薯”也称“蜜浸番薯”[bek^{2}tsim^{42}huaŋ^{33}tsɯ^{55}]，类似于北方的拔丝地瓜，不过糖浆更软，不至于在冷却后无法分开。“糕烧番薯”一般选取“红肉”[an^{11}nek^{5}]（内里发红）的番薯，把番薯切块

图6－43 食新娘桌

图6－44 返砂芋

图6－45 糕烧番薯

（也可炸熟），加入清水和白糖，直到番薯熟透、白糖成为胶质状即可。“糕烧番薯”也常常加入芋头一起制作。

食新农茶 [tsiaʔ²seŋ³³naŋ¹¹te⁵⁵]

“新娘”[seŋ³³niõ⁵⁵]也称“新农”[seŋ³³naŋ⁵⁵]，“食新农茶”指午宴后新娘给参加宴会的“亲情”[tsʰeŋ³³tsiã⁵⁵]（亲戚）“扛茶”[kʰaŋ¹¹te⁵⁵]（敬茶）。伴娘引导新娘逐一称呼族中亲戚并敬茶，被敬茶者说一些吉祥的话语并回赠红包，给长辈敬茶需要跪着敬，同辈则不用。新娘对被敬茶者的称呼过去是随自己未来的儿女称呼的，如丈夫的弟弟要称“叔”[tsek²]，如今也有一些随丈夫而称呼。过去敬茶的先后次序是从长辈到同辈，如今有些也不那么讲究了，只是根据就近原则。新郎的父母、曾祖父母和叔伯等较近的亲属不在午宴后接受新娘敬茶，而是在第二天另外敬茶。公公婆婆的红包一般是最大的，也有一些人直接赠送金银首饰。

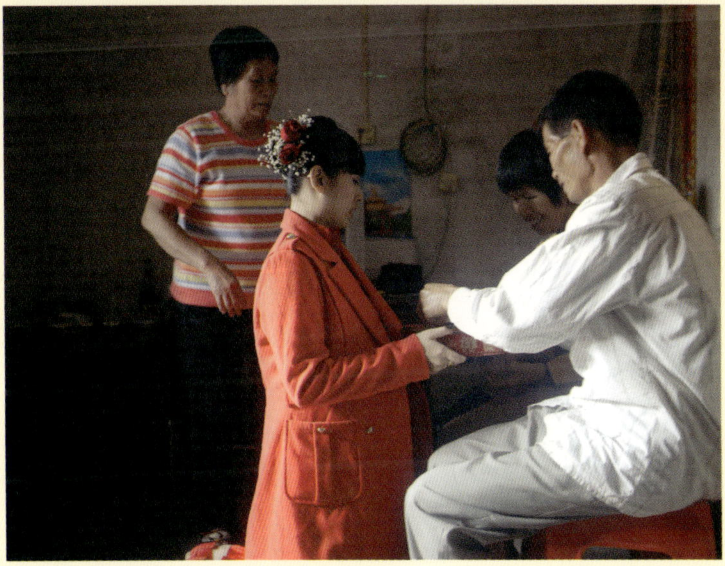

图6－46 食新农茶

热房 [ʥiak^{2}paŋ^{55}]

又称“闹洞房”[nau^{11}taŋ^{11}paŋ^{55}]，即迎娶当晚亲戚朋友和邻居等来洞房“睇新娘”[t^{h}õi^{13}seŋ^{33}niõ^{55}]（看新娘），并且故意嬉戏、打闹，有些来客会说一些吉祥的“四句”（也有故意调侃的），伴娘也以“四句”回应，或是伴娘先说，来客回应。新娘需给来客敬茶，如果闹得太晚还得煮点心给来客吃。这一热闹的活动如今也逐渐消失了。

扛洗面水 [k^{h}aŋ^{11}soi^{13}meŋ^{11}tsui^{53}]

指迎娶的第二天早上，“阿姑”[a^{33}kou^{33}]（新郎的姐妹）给新娘端洗脸水。如今此礼已经很难见到了。

新娘踏青 [seŋ^{33}niõ^{55}taʔ^{2}ts^{h}ẽ^{33}]

迎娶后第三天，由村里的“老大”领着新娘到公用的井边拜祭，新娘将红糖撒到井里，寓意以后与人和谐相处，并将花生撒在井的四周，让村中孩童争相拾取。如今家家有井，花生也早已不稀罕了，这一习俗也就绝迹了。

头转厝 [t^{h}au^{11}tɯŋ^{13}ts^{h}u^{213}]

指新娘出嫁后第一次回娘家，日子为迎娶前“掼日”[kuã^{11}ʥek^{5}]（即其中的“归宁”）所定，一般是出嫁后 3 日或 12 日，由娘家的兄弟去接。婆家需请所去的“阿舅”[a^{33}ku^{35}]吃“丸卵”[ĩ^{11}nɯŋ^{35}]，并赠红包。新娘回娘家后只能在家吃午饭，不能在家过夜，午饭后由兄弟早早地送回去。过去同村婚嫁的不少，倘若 3 日内（或 12 日，即未行“头转厝”之礼之前）新娘遇见自己的父母，需要绕路走或者当作陌路人，不能打招呼。“头转厝”以后再回娘家才能在娘家过夜或者住上几天都可以。有些地方还有“二转厝”[ʥi^{11}tɯŋ^{13}ts^{h}u^{213}]乃至“三转厝”[sã^{33}tɯŋ^{13}ts^{h}u^{213}]，时间依次往后推。如今婚嫁自由，有不少远嫁的情况，“头转厝”等也就逐渐不讲究了。

二 生育

揭阳人生育方面的礼俗也是比较讲究的，生男孩比生女孩礼节更多，这种重男轻女的观念延续至今。揭阳话中，小孩称“孥囝”[noŋ³³kiã⁵³]，男孩称“丈夫囝”[ta³³pou³³kiã⁵³]，女孩称“姿娘囝”[tsɯ³³niõ¹¹kiã⁵³]。怀孕称“有孥囝”[u¹¹noŋ³³kiã⁵³]，俗称“大肚”[tua¹¹tou⁵³]，家中有人怀孕，不能随便在家里钉钉子或搬动大件的东西，传统的说法是有些地方不能乱钉，如果钉错了孩子出生会有缺陷。

生囝 [sẽ³³kiã⁵³]

指生孩子。按照传统习惯，如果生男孩，父亲要将孩子的生辰八字写在红纸上，同时放上“石榴花仙草”[sioʔ²liu¹¹hue³³siaŋ³³tsʰau⁵³]（见图 6–47），带上糖果去岳父家报喜。如果生女孩，就只是口头上告知一声，重男轻女的思想由此可见一斑。不过，如今都不那么讲究了，生男生女都是口头或电话告知即可。

图6－47 石榴花仙草

头□ [tʰau¹¹tsiõ¹¹]

指生第一胎。

做月 [tso⁴²gueʔ⁵]

指坐月子。

□腊 [kʰiõ^{11}laʔ^{5}]

“□”[kʰiõ^{11}]意指“戒”，“□腊”[kʰiõ^{11}laʔ^{5}]即凡事需要多加注意。揭阳人认为婴儿出生后 12 天是最危险的时期（有的地方是三天或一周），过去有不少婴儿在此期间夭折，因此需要照顾得特别好，期间家里不能“刮锅”[kueʔ^{4}ue^{33}]（刮锅底灰）、“钉铁钉”[teŋ^{42}tʰiʔ^{4}teŋ^{33}]（钉钉子）等，过了 12 天就是“过腊”[kue^{42}laʔ^{5}]。而孩子出生四个月内，也要注意少出门，不要让怀孕的女人接近孩子，据说孕妇是“四目”[si^{42}mak^{5}]，婴儿会被吓着。

开臊 [kʰui^{33}tsʰo^{33}]

指孩子出生 4 个月后可以开始吃荤菜。这么小的孩子当然是不会吃的，所以只是意思一下，让男孩舔一下“猪肝”[tɯ^{33}kuã^{33}]，希望长大了当大官；女孩舔一下“鸡舌”[koi^{33}tsiʔ^{5}]，希望长大后“喙尖舌团利”[tsʰui^{42}tsiam^{33}tsiʔ^{2}kiã^{13}lai^{11}]（伶牙俐齿）。这一习俗如今也逐渐消失了。

煠丸 [saʔ^{2}ĩ^{55}]

生男孩满 12 日，需要“煠”[saʔ^{5}]“甜丸”[tiam^{11}ĩ^{55}]（见图 6–48）送给亲戚吃，亲戚回赠鸡蛋或者红包。生女孩不需行此礼俗。

下公婆母 [he^{11}koŋ^{33}pua^{11}bo^{53}]

“公婆母”[koŋ^{33}pua^{11}bo^{53}]是儿童保护神，讲究的人家在孩子出生 12 天后会行祭拜之礼（男女不限），此后逢农历七月初七和春节例行祭拜，直到 15 岁为止。祭品须全部放在“椈”[ou^{55}]（竹制品）里，再放在床上祭拜。

图6－48 甜丸

图6－49 下公婆母

图6－50 外婆的礼物

图6－51 剃头礼

做遘月 [tso^{42}kau^{42}gueʔ^{5}]

即满月礼。需要抱着孩子祭拜“司命公”[sɯ^{33}meŋ^{11}koŋ^{33}]（灶君）和村里供奉的各路神明，“外姆”[gua^{11}ma^{53}]（外婆）需要送好几套新衣服、12个红鸡蛋、猪肉、面条、摇篮、手环脚环、背带、项链（金的或银的）、剃头盘、剃头刀等（见图6–50）。娘家离得近的，外婆在第3、第5、第8、第12天等日子都会带上鸡、蛋等过来探望。行满月礼并不是满30日的那天，而是找算命先生算，看在满月前后的日子哪天是吉日，由此定下日期。满月礼需要行剃头礼，因此又称“食剃头卵”[tsiaʔ^{2}tʰi^{42}tʰau^{11}nɯŋ^{35}]（“卵”指鸡蛋）。如今剃头礼也多简化了，不愿意给孩子剃的也就比划几下（见图6–51），剃头刀如今也多用剪刀或剃须刀代替。生男孩的人家在行上述礼仪之外，还会宴请亲朋戚友，生女孩则多不宴请。如果头胎生女孩，娘家需要准备一个“鸡重$^{=}$”[koi^{33}taŋ^{35}]（陶土做的罐子，小嘴似男孩生殖器。见图6–52），满月时用它装上猪肚煮熟了给产妇吃，寓意“换肠换肚”[uã^{11}tɯŋ^{11}uã^{11}tou^{35}]，下一胎生男孩。

图6－52 鸡重$^{=}$

着对 [tioʔ^{2}tui^{213}]

指小孩满一岁，或称“对岁”[tui^{42}hue^{213}]。

出花园 [tsʰuk^{4}hue^{33}hŋ^{55}]

指孩子到了15岁（虚岁）时所举办的成人礼，意为孩子长大了，可以走出花园了。“出花园”的时间多是农历七月初七，也有一些是由算命先生确定的日子。家中如果一

图6－53 拜公婆母

图6－54 出花园祭拜

直祭拜“公婆母”，则需要在这一天将三牲、水果、各种馃品放在床上的“榭”中祭拜（见图 6–53）。如果“出花园”的孩子排行老小，插香的炉子祭拜完以后就奉送到附近流动的河流中；如果下面还有弟弟妹妹，则需要放在床顶，继续供奉。此外，“出花园”者还要和母亲一起祭拜“司命公”[sɯ^{33}meŋ^{11}koŋ^{33}]和村中的各路神明（见图 6–54），女孩出花园仅以“三牲”[sã^{33}sẽ^{33}]、“红鸡卵”[aŋ^{11}koi^{33}nɯŋ^{35}]（红鸡蛋）和“石榴花馃”[sioʔ^{2}liu^{11}hue^{33}kue^{53}]（见图 6–55）作为供品，男孩则还需要用“大榭馃”祭拜。

图6－55 石榴花馃

15 岁的孩子在这一天要穿上外婆送来的新衣服，午餐是有 12 道菜的大餐，有全鸡，“出花园者”需吃鸡头，吃不下的也要咬两口示意一下。另外还有“厚合”[kau^{11}haʔ^{5}]（一种青菜，寓意与人合得来）、“芹菜”[k^{h}eŋ^{11}ts^{h}ai^{213}]（寓意勤奋）、“葱”[ts^{h}aŋ^{33}]（寓意聪明）、“蒜”[sɯŋ^{213}]（青蒜，寓意精打细算）等菜肴。有些地区“出花园”者在七月初七这天不让出门，要躲在家里，寓意从此不再贪玩；有些地区则要出花园者自己（或者和同伴一起）上街去买东西、游玩，寓意从此独立。过去“出花园”还要穿“红屐”[aŋ^{11}kiaʔ^{5}]，如今已没有人穿屐，红屐之俗也就免了。

做生日 [tso^{42}seŋ^{33}ʥek^{5}]

揭阳地区过去对于小孩和年轻人的生日一般不看重，只在 30 岁时由娘家人给女儿

图6－56 面条卵

和女婿“做生日”，之后就得到 50 岁才能“做生日”。50 岁以后逢十的生日便称为“大生日”[tua^{11}seŋ^{33}ʥek^{5}]，需要请算命先生算一算，如果算了“好做”[ho^{13}tso^{213}]（能过），子女就要给“做大生日”[tso^{42}tua^{11}seŋ^{33}ʥek^{5}]，宴请平时有走动的亲戚。如果算着“孬做”[mo^{13}tso^{213}]（不能过），那生日之事就完全不能提起。按照传统，一般 50 岁的生日如果没做，60 岁的也不做。非整数的生日没有这些讲究，亲戚邻里都会送来“面条卵”[mĩ^{11}tiau^{11}nuŋ^{35}]（面条和蛋，蛋的数量可以是 4 个、6 个、8 个、12 个或 16 个）（见图 6–56）给过生日的老人“添福寿”[t^{h}iam^{33}hok^{4}siu^{11}]。如今城里的孩子和年轻人也都过起了生日，和其他地区一样，吃蛋糕或者到饭店吃饭庆祝。

给老人“做生日”的重要食品是“胶$^{=}$啰$^{=}$糍”[ka^{33}lo^{33}tsi^{55}]，类似于糍粑，由主人家准备用来招待客人。做法是先将糯米粉煮（或蒸）成糊糊状，再用“搅馃棰”[ka^{13}kue^{13}t^{h}ui^{55}]（木棒）反复搅动，增加韧性，这一过程称为“擂胶$^{=}$啰$^{=}$糍”[lui^{11}ka^{33}lo^{33}tsi^{55}]（见图 6–57），最后用筷子或手工捻成小团，蘸着白糖花生末（或芝麻）吃，

图6－57 擂胶$^{=}$啰$^{=}$糍

图6－58 胶⁼啰⁼糍（1）

图6－59 胶⁼啰⁼糍（2）

也可以在锅里略煎再滚芝麻糖（见图 6-58、6-59）。

生日宴上少不了的还有“炒面条”[$ts^ha^{13}m\tilde{i}^{11}tiau^{55}$]，跟其他地区吃长寿面一致。不过，这种面条是上文提过的带咸味的面条，为潮汕地区所特有。

图6－60 炒面条

三　丧葬

去世在揭阳话中婉称“过身”[kue⁴²seŋ³³]，或称“家⁼老去”[ke³³lau³⁵kʰɯ¹¹]，也有的直接说“家⁼死去”[ke³³si⁴²kʰɯ¹¹]。揭阳人认为老人在早上去世是把东西都留给子孙，晚上去世则是自己把东西都吃了带走，对子孙不好，因此需要“做诀”[tso⁴²kuak²]（以某种方式化解）。方法是老人的儿子们拿着袋子，由族中的“老大”将米倒进各人的袋子里，各家兄弟再将米带回家，寓意将老人带着的东西分给各家。

洗香水 [soi¹³hiõ³³tsui⁵³]

指用“香水”[hiõ³³tsui⁵³]擦洗。当病人快要断气时，拿一个“钵”[puaʔ²]（陶器）盛上净水，放入 12 支香（闰月 13 支），用新毛巾擦洗。擦洗之前需要跟将去之人“啗破”[tã⁴²pʰua²¹³]（说清楚），表示擦洗干净了可以去拜神。

颂寿衣 [tsʰeŋ¹¹siu¹¹i³³]

指给将去之人穿寿衣，在擦洗后进行。寿衣一般都是事先购买的，样子大概类似清朝的服饰（见图 6-61、6-62），上衣、裤子（一般两条）和“盖棺被”[kʰãi⁴²kuã³³pʰue³⁵]总数一般是 7 件、11 件或 13 件（不要 9 件），过去最多有 23 件之说，如今已经没有了。也有一些不讲究的，只是穿上新的衣服或平时常穿的衣服。上衣多层层套叠，一起穿上，以节省时间，否则尸体僵硬就得搓揉使其变软。穿完衣服后，还得用一条三尺六的小白毛巾包着一把“纸扇”[tsua¹³sĩ²¹³]，让死者的右手握着，让其在阴间使用。穿完衣服后将死者放在地上，脚朝内，往外抬的时候脚朝外。

图6－61 寿衣（男）

图6－62 寿衣（女）

梳头 [siu^{33}t^{h}au^{55}]

寿衣穿好后，需要由“新妇”[seŋ^{33}pu^{35}]（儿媳妇）给梳头，如今多数只是简单比划一下。上述“洗香水”和“颂寿衣”都只能由儿子或侄子来完成，女人不参加，这一环节允许女性参加，但按理只是儿媳妇，女儿不能参加。

上客厅 [tsiõ^{11}k^{h}aʔ^{4}t^{h}iã^{33}]

指将死者抬到宗族活动场所——“客厅”。“上客厅”的时间是算命先生推算而定的。首先需将死者从地上抬到“灵椅”[leŋ^{11}ĩ^{53}]（见图6–63），抬的时候“大囝”[tua^{11}kiã^{53}]（大儿子）扶头，“细囝”[soi^{42}kiã^{53}]（小儿子）扶“骹”[k^{h}a^{33}]（脚），帮忙的人只能扶两边。出门时脚在外头在内，还得用雨伞遮住死者的脸，谓“孬见天日”[mo^{13}kĩ^{42}t^{h}ĩ^{33}ʥek^{5}]（不能见天日）。按揭阳的传统，死者必须满60岁且有家室才能在“客厅”办理丧事。传统认为60岁就是“足寿”[tsok^{4}siu^{11}]，向神明禀告的时候就称“享寿”[hiaŋ^{13}siu^{11}]，而不足60岁只能是“享年”[hiaŋ^{13}nĩ^{55}]。如今相对没那么讲究了，50岁左右的，只要是爷爷辈的，也都“上客厅”。但是，未成家或在外去世的仍和过去一样不能“上客厅”。当地的观念认为只有在“客厅”治丧、超度亡魂，日后才能享受后代的供奉，因此有少数在医院去世的人，家人一直将输液管插着抬回家里，说是“在家而

图6－63 灵椅

终”[to^{11}ke^{33}dʑɯ^{11}tsoŋ^{33}]（向神明汇报时所用的字眼，日常口语不说），也就可以“上客厅”了。

冥椅 [meŋ^{11}ĩ^{53}]

死者被抬到“客厅”后所躺的椅，如今多数地方都改用“冻柜”[toŋ^{42}kui^{11}]（冰棺）（见图 6–64），“冥椅”基本弃置不用了（见图 6–65）。揭阳地区夏天炎热，而人们又重视治丧，死者往往需要停尸三日才能火化，因此冻柜非常重要，大多数宗族都不惜重金购买。灵椅、冥椅等也都由宗族统一购买，放在“客厅”中，需要时便去借用。

图6 - 64 冻柜

骹尾灯 [kʰa^{33}bue^{13}teŋ^{33}]

指放在死者脚边的灯火。通常是在灵椅上放一块“涂角”[tʰou^{11}kak^{2}]（泥砖），将“灯盏”[teŋ^{33}tsuã^{53}]和“香炉”[hiõ^{33}lou^{55}]放在上面，从“上客厅”到死者埋葬，灯火和香都不能间断，需要日夜添油、续香，寓意香火不断。

倒头饭 [to^{42}tʰau^{11}pɯŋ^{11}]

停尸“客厅”后，需在“客厅”外的墙头放一碗“倒头饭”，就是筷子倒着插，粗的一头在下，细的一头在上，人们一看就知道是在办丧事了。受这一习俗影响，揭阳地区吃饭时筷子不用的话要平放在桌上，不能垂直插在饭里或菜里，否则会被认为不吉利。

图6 - 65 冥椅

图6 - 66 骹尾灯

图6－67 倒头饭

讣音 [hu^{42}im^{33}]

类似于讣告，但只给有姻亲关系的亲属，即“姑姨舅妗”[kou^{33}i^{11}ku^{11}kim^{35}]。族内亲属只是口头或电话告知，谓“通房亲”[t^{h}oŋ^{33}paŋ^{11}ts^{h}eŋ^{33}]，世交朋友也以此方式通知。“讣音”需要送至对方家，但送“讣音”者不能进对方家门，只在门口招呼对方出来，对方看后将“讣音”烧掉，并以红包和糖答谢。若亲属离得太远，就在治丧当日，到达村口时让人送“讣音”过去，以示礼节已达。过去的“讣音”全文都是手写，如今有一些商家提供印刷好的“讣音”，只需往上填写相应的内容即可。不过，内容的填写仍是有讲究的，“讣音”为竖排，“不孝”[puk^{4}hau^{213}]下的空白填写儿子的名字，“属在”[sok^{5}to^{11}]下的空白填写“姻亲”[eŋ^{33}ts^{h}eŋ^{33}]；若死者为男性，“家”后填写“严”，“寿终”与“寝”之间填“正”，死者为女性相应的位置填“慈”和“内”，即男为“家严”[ke^{33}ŋiam^{55}]“正寝”[tsiã^{42}ts^{h}im^{53}]，女为“家慈”[ke^{33}ts^{h}ɯ^{55}]“内寝”[lai^{11}ts^{h}im^{53}]；若父母一方亡故，落款“子”前填“哀”（即“哀子”[ai^{33}tsɯ^{53}]），双亲皆已故则填“孤哀”（即“孤哀子”[kou^{33}ai^{33}tsɯ^{53}]）。“讣音”接收者的名字在正文中不出现，另外用一张长方形的红纸条写上村庄和姓名，贴在折叠好的“讣音”外面。如收到“讣音”而未派人参加治丧，必然会惹人非议。

等家后 [taŋ^{13}ke^{33}au^{35}]

如果死者为女性，就需要有家属或“老大”在村口等待、迎接娘家的人来参加治丧，以示尊敬。死者为男性，娘家人也需要参加丧礼，但是不需要派专人迎接。

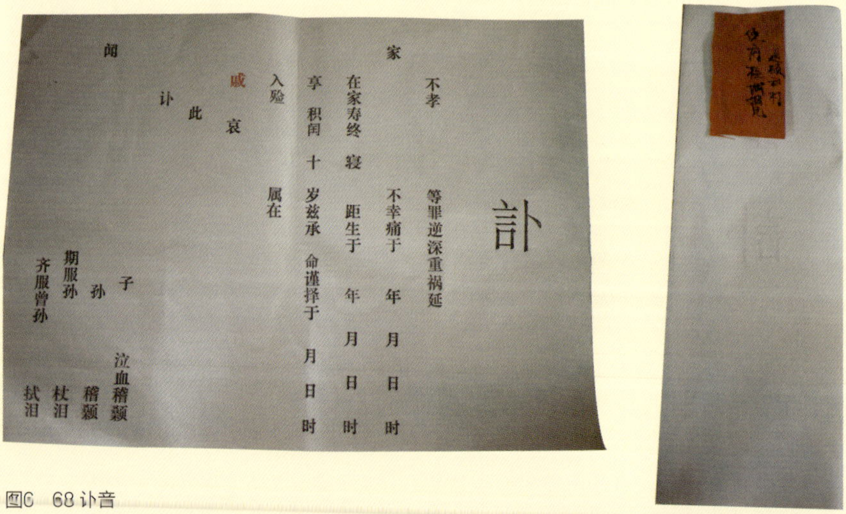

图6－68 讣音

图6－69 回礼

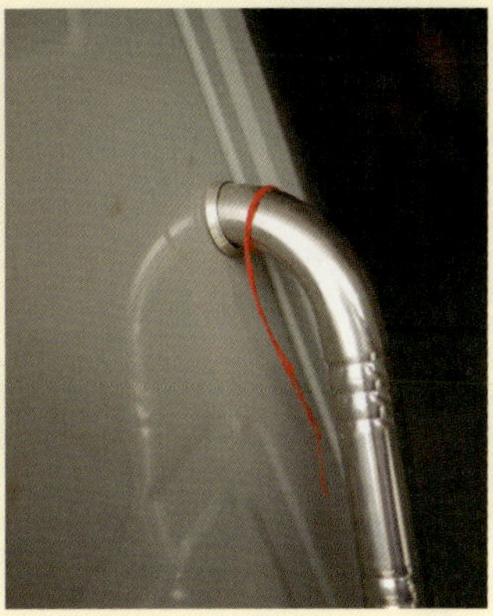

图6－70 红丝绳

抾情礼 [kʰioʔ²tsʰeŋ¹¹li⁵³]

“抾”[kʰioʔ⁵]意指拿，“抾情礼”[kʰioʔ²tsʰeŋ¹¹li⁵³]指亲戚朋友给丧家礼钱，尾数需要是单数，也称“送纸钱”[saŋ⁴²tsua¹³tsĩ⁵⁵]。据说源于旧时人们贫穷而无法治丧，需各家赞助方能完成，如今已是久袭之俗了。丧家会将各门各户所给的情礼记下来，待他日别家治丧，便拿出名单，比照原来这家人所给的数目给礼钱，多数人会在原来数目的基础上添加一点儿或者增加一倍，最起码也是同等数额。房亲所给的情礼一般全收，“回礼”[hue¹¹li⁵³]（见图 6–69）是毛巾、糖和“红丝绳”[aŋ¹¹si³³seŋ⁵⁵]（红线，回家后系在门上。见图 6–70），其中糖和红线都有冲“白”之意；姻亲所给的情礼不能全收，最多八成，最少四成，多数是收六成，视丧家的经济状况而定，返回的钱数则必须是双数，切忌单数，同时也要回赠毛巾、糖和红丝绳等。

食甜 [tsiaʔ²tiam⁵⁵]

丧家得买一些糖（有些还有烟）放在“客厅”里，前去送纸钱或者帮忙的人都得吃一两颗糖以祛除晦气，此谓“食甜”。

做家伙 [tso⁴²ke³³hue⁵³]

在治丧活动结束前，“新妇”（儿媳妇）需要在每日三餐前到灵前痛哭，并“哭去内”[kʰau⁴²kʰɯ⁴²lai³⁵]（哭着回家），此谓“做家伙”，寓意是给家里带来兴旺之气。据说哭得越厉害越好，即使不会哭，也得假装哭。

图6－71 食甜

图6－72 麻（1）

图6－73 麻（2）

麻 [mua^{55}]

麻是治丧活动中的重要物品，有条状的，有片状的。条状的用来制作儿子和长孙的帽子，也用来系“槟⁼袋”[peŋ^{33}toi^{33}]，将死者移入棺木时也是用麻绳在两边提拉。片状的麻用来制作儿子和长孙以外的人的帽子。

桶盘 [tʰaŋ^{13}puã^{55}]

是一种木头做的方形盘子，长、宽约为60厘米和40厘米，也是治丧中必需的物品，用来放钉棺材钉的斧头，放纸钱、蜡烛、麻绳等“报地头”[po^{42}ti^{11}tʰau^{55}]和“买水”[boi^{13}tsui^{53}]的必需物品。桶盘也用于其他祭祀神明的场合。

五色种子 [ŋou^{13}sek^{4}tseŋ^{13}tsi^{53}]

五种果实，包括“绿豆[lek^{2}tau^{11}]、油麻[iu^{11}mua^{55}]（芝麻）、肉眼干[nek^{2}ãi^{13}kuã^{33}]（龙眼干）、酵母[ka^{42}bo^{53}]、粟种[tsʰek^{4}tseŋ^{53}]（稻种）”，寓意香火不断。“五色种子”装在一个白色的小袋子里，称为“槟⁼袋”[peŋ^{33}toi^{33}]或“五色袋”[ŋou^{13}sek^{4}to^{11}]、

图6－74 桶盘（1）

图6－75 桶盘（2）

图6－76 五色种子

图6－77 槟=袋

“子孙袋”[tsɯ^{13}suŋ^{33}toi^{11}]（见图 6–77），治丧活动中，“孝子”[hau^{42}tsɯ^{53}]、“孝孙”[hau^{42}suŋ^{33}]、“孝妇”[hau^{42}hu^{35}]等直系亲属需要将袋子系在腰上。

和裤 [ha^{11}k^{h}ou^{213}]

指拿一条裤子系在腰上。治丧当日，未“成服”[seŋ^{11}hok^{5}]之前，孝子们需要在腰上系一条死者穿过的裤子，里外翻转，裤腰朝下。若死者为父亲（母亲健在），裤子系在左边；死者为母亲（父亲健在），系在右边；若父母双故，系在中间。同时，上衣也要翻过来穿（见图 6–78）。

图6－78 和裤

庚帖 [kẽ^{33}t^{h}iap^{2}]

写着死者姓名、生卒八字和享寿多少的纸片，下文的“报地头”[po^{42}ti^{11}t^{h}au^{55}]、“买水”[boi^{13}tsui^{53}]、“成服”[seŋ^{11}hok^{5}]和“做灯”[tso^{42}teŋ^{33}]等环节都需要用到。

报地头 [po^{42}ti^{11}t^{h}au^{55}]

治丧的第一项活动，由主事的“老大”带领参加丧礼的男丁前去“老爷宫”祭拜“地头老爷”[ti^{11}t^{h}au^{11}lau^{11}ia^{55}]，向其汇报死者的姓名、生卒年和享寿等情况。此举据说是让神明知道死者已逝，好让其到阴间报到。亲属在神像前跪下，主事的“老大”拿着“庚帖”念“生从地头来[sẽ^{33}tsʰoŋ^{11}ti^{11}tʰau^{55}lai^{55}]，死从地头去[si^{42}tsʰoŋ^{11}ti^{11}tʰau^{55}kʰɯ^{213}]”，再报死者的生卒年，报的时候用小麻绳代表年岁，一岁一条，每数一次敲一次钟。如今有所简化，数数从 5 开始，只数 5 的倍数，最后再加上零散的数，如 92 岁，就数“一五[ek^{4}ŋou^{35}]、一十[ek^{4}tsap^{5}]、十五[tsap^{2}ŋou^{35}]、二十[ʥi^{11}tsap^{5}]、二五[ʥi^{11}ŋou^{35}]、三十[sã^{33}tsap^{5}]、三五[sã^{33}ŋou^{35}]、四十[si^{42}tsap^{5}]、四五[si^{42}ŋou^{35}]、五十[ŋou^{11}tsap^{5}]、五五[ŋou^{11}ŋou^{35}]、六十[lak^{2}tsap^{5}]、六五[lak^{2}ŋou^{35}]、七十[tsʰek^{4}tsap^{5}]、七五[tsʰek^{4}ŋou^{35}]、八十[poiʔ^{4}tsap^{5}]、八五[poiʔ^{4}ŋou^{35}]、九十[kau^{13}tsap^{5}]、九十有两[kau^{13}tsap^{5}u^{11}nõ^{35}]”。

买水 [boi^{13}tsui^{53}]

指祭拜水神并向其买水，在“报地头”之后进行，也是只由男丁参加。买水时主事的“老大”先汇报死者的生卒年月，接着说“今向水府大农（大人）买水”[kim^{33}hiaŋ^{42}tsui^{13}hu^{53}tua^{11}naŋ^{55}boi^{13}tsui^{53}]，向水中投入几枚硬币、燃烧纸钱后即可取水，但舀水时应顺流而舀，不能逆流而取。

祭丧 [tsi^{42}sɯŋ^{33}]

如果死者在“重丧日”[teŋ^{11}sɯŋ^{33}ʥek^{5}]或“三丧日”[sã^{33}sɯŋ^{33}ʥek^{5}]去世，入殓以前要先“祭丧”。因“重丧”[teŋ^{11}sɯŋ^{33}]和“三丧”[sã^{33}sɯŋ^{33}]意为有不止一件丧事，怕家里再出不幸，故有此俗。若是“空亡日”[kʰoŋ^{33}baŋ^{11}ʥek^{5}]，还需要用“草农”[tsʰau^{13}naŋ^{55}]

图6－79 报地头

图6－80 买水

图6－81 祭丧

图6－82 大唐

（草人）祭拜，谓“祭草农”[tsi^{42}ts^{h}au^{13}naŋ^{55}]。

等大唐 [taŋ^{13}tua^{11}ts^{h}u^{213}]

“大唐”[tua^{11}ts^{h}u^{213}]指棺材，“等大唐”指入殓前棺材铺送来棺材时，孝子等需要在“客厅”外跪着迎接，棺材送达后放在两张板凳上（见图 6–82）。有些富有的家庭会事先为家里的老人购买精美的“大唐”，让老人后顾无忧。

扫寿 [sau^{42}siu^{11}]

“寿”是对棺材的称呼，“扫寿”指在入殓以前“大新妇”[tua^{11}seŋ^{33}pu^{35}]（大儿媳妇）用竹叶扫棺木，“扫寿”时其他孝子孝孙等需要跪下。扫完将“大裙”[tua^{11}kuŋ^{55}]和“牛担鞍”[gu^{11}tã^{33}uã^{33}]（架在牛背上连接“犁”和“耙”的工具）放在上面，抬入“客厅”。

入殓 [ʥip^{2}niam^{35}]

也称“落寿”[lok^{2}siu^{11}]，即将死者从“冻柜”[toŋ^{42}kui^{11}]或“冥椅”[meŋ^{11}ĩ^{53}]转入棺木。

图6－83 扫寿

抬的时候也是讲究大儿子扶头，小儿子扶脚，帮忙的人只能扶两边。死者入棺后，在身上盖一白一红两床盖棺被，白在下红在上，上下左右都要铺上“祖纸”[tsou^{13}tsua^{53}]，一来稳固尸体，二来祖纸作为纸钱让死者在阴间使用。

饲生 [ts^{h}i^{11}sẽ^{33}]

盖棺前需要先“饲生”，即儿子端一碗饭和菜在棺前跪下，用筷子细的一头夹一口给自己，说“阿伯[a^{33}peʔ^{2}]，汝饲我大[lɯ^{53}ts^{h}i^{11}ua^{13}tua^{11}]（你把我养大）”，接着用粗的一头夹一口给死者，说“我饲汝老”[ua^{53}ts^{h}i^{11}lɯ^{13}lau^{35}]（我侍奉你终老）。“阿伯”指父亲，此处用平时对死者的称呼。揭阳地区有用父母同辈的亲属称谓称呼父母的习惯，像“阿伯、阿姆[a^{33}m^{53}]，阿叔[a^{33}tsek^{2}]、阿婶[a^{33}sim^{53}]，阿舅[a^{33}ku^{35}]、阿姨[a^{33}i^{55}]”等，上世纪九十年代后这些称谓的使用逐渐减少。“饲生”也逐渐简化，自己吃的那口往往只是比划一下，有的干脆省去，话还说那些，但只夹给死者。

图6－84 入殓

钉棺材钉 [teŋ^{42}kuã^{33}ts^{h}ai^{11}teŋ^{33}]

饲生后便盖棺，然后钉上6枚钉子。持斧主持者便是族中带头的“老大”，钉钉子的时候需要“做四句”，每钉一枚说一句，内容无非就是祈求子孙家族昌盛、人财两旺。如：（一安钉）千子万孙永昌盛[（ek^{4}aŋ^{33}teŋ^{33}）ts^{h}ãi^{33}tsɯ^{53}buaŋ^{11}suŋ^{33}ueŋ^{13}ts^{h}ia

图6－85 饲生

ŋ^{33}seŋ^{35}]，（二安钉）长命富贵百业兴[（ʥi^{11}aŋ^{33}teŋ^{33}）ts^{h}iaŋ^{11}meŋ^{35}pu^{42}kui^{213}peʔ^{4}ŋiap^{2}heŋ^{33}]，（三安钉）三元及第标金榜[（sã^{33}aŋ^{33}teŋ^{33}）sã^{33}ŋuaŋ^{55}kip^{2}toi^{35}p^{h}iau^{33}kim^{33}paŋ^{53}]，（四安钉）四子财老传美名[（si^{42}aŋ^{33}teŋ^{33}）si^{42}tsɯ^{53}ts^{h}ai^{11}lau^{53}t^{h}uaŋ^{11}mui^{13}meŋ^{55}]，（五安钉）五子登科上京去[（ŋou^{11}aŋ^{33}teŋ^{33}）ŋou^{13}tsɯ^{13}teŋ^{33}k^{h}ue^{33}tsiõ^{11}kiã^{33}k^{h}ɯ^{213}]，（六安钉）福禄满堂□□兴[（lak^{2}aŋ^{33}teŋ^{33}）hok^{4}lok^{5}muã^{13}tɯŋ^{55}paŋ^{11}paŋ^{11}heŋ^{33}]。

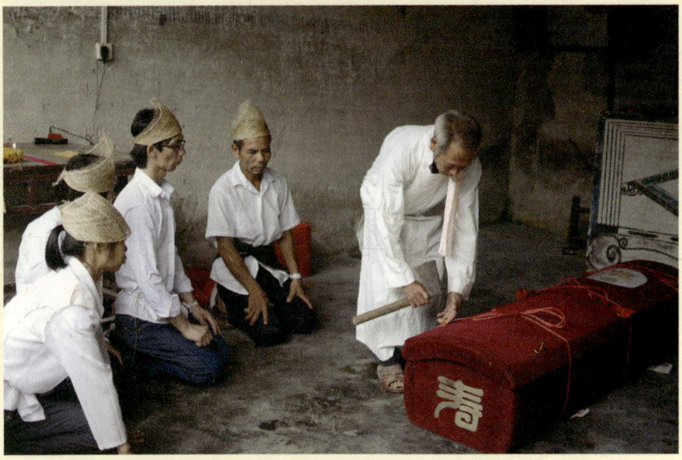

图6－86 钉棺材钉

成服 [seŋ^{11}hok^{5}]

指“俗家”[sok^{2}ke^{33}]（或“和尚”[hue^{11}siõ^{11}]。如今多为“俗家”）将孝服孝杖等在祭坛祭拜，之后由主事“老大”赐给长子长孙，孝子等穿上丧服后整个治丧队伍在广场祭拜天地四方，族中其他参加治丧的人员也一路随行，整个过程大概持续一小时。丧家需要给随行的人“分”[puŋ^{33}]“面布”[meŋ^{11}pou^{213}]（毛巾）和“雨遮”[hou^{11}tsia^{33}]（雨伞）（见图 6–87）。

“成服”首先是“拜天公”[pai^{42}t^{h}ĩ^{33}koŋ^{33}]（见图 6–88），祭品需要有“三牲”和“大榭馃”。

接着，俗家设坛祭拜天地，主事“老大”将祭拜过的孝服孝杖赐给孝子孝孙。“赐”具体来说包括“赐巾”[sɯ^{42}keŋ^{33}]（巾即麻的帽子。见图 6–89）、“赐服”[sɯ^{42}hok^{5}]（服即麻的衣服。见图 6–90）和“赐杖”[sɯ^{42}tsiaŋ^{35}]（有些地方还有“赐索”[sɯ^{42}sok^{2}]，即系麻衣的麻绳也在“赐”的范围）。每进行一项，“老大”就得“做四句”[tso^{42}si^{42}ku^{213}]，如：赐你巾[sɯ^{42}lɯ^{13}keŋ^{33}]，五代大中兴[u^{13}toi^{11}tua^{11}toŋ^{33}heŋ^{33}]；赐你服[sɯ^{42}lɯ^{13}hok^{5}]，

图6－87 分面布、雨遮

图6－88 拜天公

永受天百禄[ueŋ^{13}siu^{11}tʰĩ^{33}peʔ^{4}lok^{5}]；赐你杖[sɯ^{42}lɯ^{13}tsiaŋ^{35}]，百岁永康健[peʔ^{4}hue^{213}ueŋ^{13}kʰaŋ^{33}kiaŋ^{35}]。

帽子是一块麻加上事先用麻绳编织的“麻箍驴”[mua^{11}kʰou^{33}lɯ^{55}]（见图6–91），如果去世的是父亲（母亲健在），在左边缀一颗小圆球（俗称“□”[tom^{53}]），去世的是母亲（父亲健在）则缀在左边，双亲都已故则两边都缀。

“孝杖”[hau^{42}tsiaŋ^{35}]俗称“棰杖”[tʰui^{11}tʰɯŋ^{35}]，一头圆一头方，象征天圆地方，圆的一头用银纸和麻布包着，用麻绳系好（见图6–92），父死握在左手，母死握在右手，再累也不允许换手。孝杖的材质有两种，男性死者用竹子，女性死者用榕（或

图6－89 赐巾

图6－90 赐服

图6－91 麻箍驴

图6－92 孝杖

“杉”[sam^{33}]），据说源于“丈夫惜囝有节[ta^{33}pou^{33}sioʔ^{4}kiã^{53}u^{11}tsak^{2}]，姿娘惜囝无节[tsɯ^{33}niõ^{55}sioʔ^{4}kiã^{53}bo^{11}tsak^{2}]”（男人疼孩子有度，而女人疼孩子无度）——竹有节而榕（杉）无节。旧时孝杖的长度及胸，作为孝子丧亲悲痛而无力行走的支撑，如今长度多数是一尺二。孝子们所持的孝杖必须出自同一枝，因此如果死者的儿子较多，合适的竹子尤其是榕就很不好找了。

“长孙如细囝”[tsiaŋ^{13}suŋ^{33}dzu^{11}soi^{42}kiã^{53}]（长孙等于小儿子），长孙在治丧活动中是作为小儿子来看待的，因此长孙也和自己的父辈一样戴“麻箍驴”（其他的孙辈不戴），不过，长孙的“麻箍驴”需要用红布缠绕一圈，以示区别。所持孝杖圆的一头不用麻而用红纸包起来，所穿麻衣也要在肩背部缀上红花，示为孙辈（见图 6–93）。

图6－93 长孙丧服

孝子、孝孙、孝妇都得穿“麻衫”[mua^{11}sã^{33}]，女性的还有“麻裙”[mua^{11}kuŋ^{55}]（见图 6–94），麻衣都没有扣子，只是用麻绳系起来。如果儿子或孙子在治丧时娶妻未满四个月，新媳妇须像长孙一样在“麻衫”上缀上红花或者红布，孝子孝孙没有此讲究。如果死者的儿子先逝或在远方无法赶回，其儿子（无儿即女）必须将其所属的“麻衫”和帽子加上雨伞、毛巾等背在背上，以此代表本人参加了丧礼，此谓“背包鼓”[pi^{42}pau^{33}kou^{53}]（见图 6–95）。麻

图6－94 麻衫及麻裙

图6－95 背包鼓

衫麻裙等由宗族统一购买，用一次洗一次，反复使用，而所戴的帽子和所系的腰带则须丧家自己购买材料并提前找人缝制。

麻的帽子称为“笋壳”[suŋ^{13}k^{h}ak^{2}]，有尖头和非尖头（见图6–96）两种，未成服之前，直系亲属的男性和未婚的女性都戴尖头的“笋壳”，已婚女性戴非尖头的“笋壳”；成服后儿子和长孙戴“麻箍驴”，其他男性不变，女性则改为“感$^{=}$头”[kam^{13}t^{h}au^{55}]，如今也有不那么讲究的，“孝妇”还是戴未成服以前的麻帽。

各人穿上自己所属的丧服后，“俗家”手拿钹口念经文带领参加治丧的队伍围绕祭坛“拜天地角”[pai^{42}t^{h}ĩ^{33}ti^{11}kak^{2}]（见图6–97、6–98），东、南、西、北共四个角，每拜一个角就燃烧纸钱，家属下跪（基督教徒往往不肯下跪）。随行的队伍按照血缘关系由近到远，再是按照辈分从高到低。上文“报地头”“买水”等也都以此为序。

图6－96 笋壳

长子紧跟“俗家”之后，手“扛香炉”[k^{h}aŋ^{11}hiõ^{33}lou^{55}]（端香炉）（见图6–99），次子在长子后“擎亡魂”[k^{h}ia^{11}buaŋ^{11}huŋ^{55}]（拿亡魂）。“亡魂”[buaŋ^{11}huŋ^{55}]（见图6–100）是死者的代表，由纸和竹片编织而成，再挂在一根软硬适中的带着竹梢的竹子上举着。如死者只有一子，治丧队伍行走时“亡魂”由长孙拿着，“亡魂”在做法事的时候也需要用到，届时则由“俗家”拿着。

丧服 [suŋ^{33}hok^{5}]

此条确切地说应为直系亲属以外的丧服，这一点揭阳地区也是有讲究的，其表现就是辈分有别、男女有别，因此一看服饰就能知道此人与死者的关系。未“成服”以前，孝子等都穿白衣黑裤，参加丧礼的所有人也都必须穿白衣。“成服”以后除上文所述直系亲属都穿麻外，其他参加的亲属则根据辈分分“头代麻[t^{h}au^{11}to^{11}mua^{55}]、二代白[ʥi^{11}to^{11}peʔ^{5}]（见图 6–101）、三代□ [sã^{33}to^{11}ʦ^{h}ĩ^{53}]（大致相当于蓝色。见图 6–102）、四代黄[si^{42}to^{11}ŋ^{55}]（见图 6–103）、五代红[ŋou^{11}to^{11}aŋ^{55}]”。具体来说，比死者小一辈的跟

图6－97 拜天地角（1）

图6－98 拜天地角（2）

图6－99 扛香炉

图6－100 亡魂

图6－101 二代白

直系亲属一样穿麻，再小的晚辈就只是白衣，但是以帽子和腰带（限男性，女性无腰带）的颜色区分辈分，小两辈的帽子和腰带为白色，小三辈的为"口"[tsʰĩ^{53}]，小四辈的为黄色，小五辈的为红色。腰带又称"秀才巾"[siu^{42}tsai^{11}keŋ^{33}]或"腰丝"[io^{33}si^{33}]，长七尺二，绕腰一周后从两侧塞进去，多余的垂下。男性的帽子为"公子帽"[koŋ^{33}tsɯ^{13}bo^{11}]，也称"烟筒箍"[eŋ^{33}taŋ^{11}kʰou^{33}]，里层是报纸，外层再包上代表相应辈分颜色的毛巾。

女性的帽子准确地说算不上帽子，揭阳话称"感$^{=}$头"[kam^{13}tʰau^{55}]（"感$^{=}$"意为埋）或"遮头感$^{=}$"[tsia^{33}tʰau^{11}kam^{53}]（见图 6–104），长度约五尺二，中间大致是个圆锥形，戴在头上，一头披肩，一头垂下直到腰骶部。

"囝婿"[kiã^{13}sai^{213}]（女婿）的情况比较特殊（见图 6–105），按理说是小一辈，但是不穿麻，衣服跟小两辈的一样，即白衣和白腰带；其特殊性体现在帽子上，女婿头戴麻，但不是上文的"笋壳"之类的，形状跟下几代男性亲属的"公子帽"一样，不过外

图6－102 三代口 [sã^{33}to^{11}tsʰĩ^{53}]

图6－103 四代黄

图6－104 感⁼头

层包上麻布（见图 6–106）。

过去的帽子是非常讲究的，如今多数地区都有所简省，小四辈和五辈的只是戴相应颜色的市场上所卖的鸭舌帽，形状就不那么讲究了。治丧中，比死者小五代的极少，也有一些人，为了“五代同堂”[$\mathrm{ŋou^{11}to^{11}taŋ^{11}tuŋ^{55}}$]这样的美好场面，特意从房亲或内亲中找小五代的晚辈参加丧礼。死者的同辈可以参加治丧，但只是“缀行”[$\mathrm{tue^{42}kiã^{55}}$]（跟着队伍行走），不需要披麻戴孝。而比死者辈分高的亲属一般不参加丧礼（族中的“老大”除外），如果人数实在太少需要参加，辈分高者在丧礼中是不下跪的。传统没有长辈跪晚辈之说。

图6－105 女婿丧服

做灯 [$\mathrm{tso^{42}teŋ^{33}}$]

也称“做午时灯”[$\mathrm{tso^{42}ŋou^{13}si^{11}teŋ^{33}}$]，指超度死者的法事，在“成服”以后进行。小型的在灵前举行，大型的需要在空旷的广场进行。主持法事的“俗家”一般是三到五人，还配备音乐，有锣、鼓、钹、唢呐

图6－106 女婿公子帽

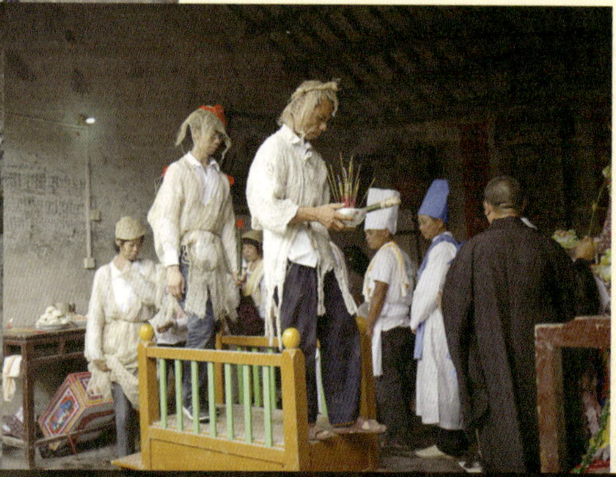

图6－107 做灯

图6－108 丁斗米

图6－109寿饭

等。过程主要包括“起马[k^{h}i^{13}be^{53}]、沐浴[mo^{2}iok^{5}]（女为“礼血盆”[loi^{13}hueʔ^{4}p^{h}uŋ^{55}]）、过桥[kue^{42}kio^{55}]、读灵前经[t^{h}ak^{2}leŋ^{11}tsãi^{11}keŋ^{33}]”。“做灯”时一般在灵堂正前方挂释迦牟尼的画像、摆放祭品，同时放上“丁斗米”[teŋ^{33}tau^{13}bi^{53}]（见图6–108），即一个“红桶团”[t^{h}aŋ^{13}kiã^{53}]（红色小桶）装着“米[bi^{53}]、铰刀[ka^{33}to^{33}]（剪刀）、尺[ts^{h}ioʔ^{2}]、芋种[ou^{11}tseŋ^{53}]、镜[kiã^{213}]、带团[tua^{42}kiã^{53}]（带子）”，有几个儿子放几桶。灵堂一侧有一张桌子摆放死者的照片和祭品，桌子用草席围起来，亲属在一旁跪下。另外，还需要将“寿饭”[siu^{11}pɯŋ^{11}]（用钵盛着米饭和包子。见图6–109）放在棺木上，谓“矺寿”[teʔ^{4}siu^{11}]，有几个儿子就放几个钵。

“做灯”是最减简省的“做功德”，过去“做功德”时间长达七日或一旬，乃至七七四十九日。仪式多由僧道主持，除配套乐队外，三至五人诵经。揭阳俗语称“加钱加功德[ke^{33}tsĩ^{55}ke^{33}koŋ^{33}tek^{2}]，减钱照底叔$^{=}$[kiam^{13}tsĩ^{55}tsio^{42}tõi^{13}tsek^{2}]”，意即多给钱就会多念经，少给钱就少念经，功德的时间长短是由所给费用的多少来决定的。

出山 [ts^{h}uk^{4}suã^{33}]

指将棺木送至墓地埋葬，是丧礼的最后一个环节。如今实行火葬，只是送到大路口，由“火葬场”[hue^{13}tsɯŋ^{42}tiõ^{55}]的车接走。参加治丧的全体成员都得随行，队伍浩浩

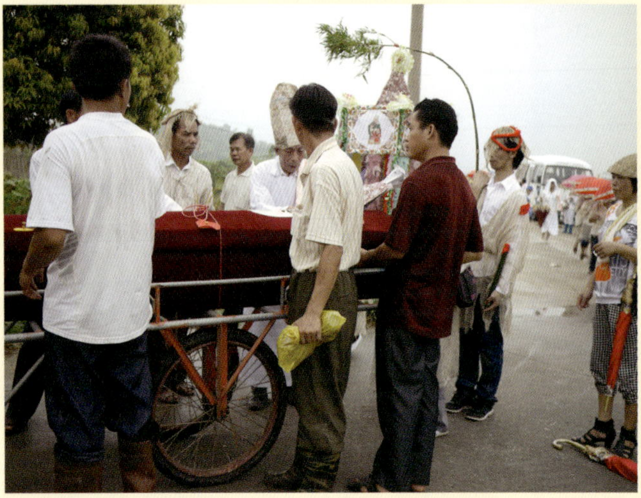

图6－110 出山

图6－111 □银纸[kak^{2}ŋeŋ^{11}tsua^{53}]

荡荡，由一人领头，不停地“□银纸”[kak^{2}ŋeŋ^{11}tsua^{53}]（抛银纸，充当死者的买路钱。见图 6–111），队伍每逢经过路口和桥要放鞭炮、“拍大铳”[p^{h}aʔ^{4}tua^{11}ts^{h}eŋ^{213}]（一种单个的大火炮）、燃烧更多的纸钱并烧三支香，作为路过的费用（见图 6–112）。大儿媳紧跟领头人之后，手持“电火”[tiaŋ^{11}hue^{53}]（指手电筒。过去是烧火把。用意是为死者照亮道路）。大儿媳之后，管乐队开道，棺木在前，孝子、孝孙、孝妇及其他人员按照“成服”时的队列依次跟随。场面盛大的，还有写着“某某出殡之仪”的条幅、花圈、挽联以及像“二十四孝图”这样表达亲人哀思的物品。棺木或 6 人抬或 8 人抬，新式的改为用车推，但无论哪种，棺木移走后停放棺木的两张板凳都要放倒在地。大女婿一路手持“纸简”[tsua^{13}kaŋ^{53}]（纸扎成的人）（见图 6–113），寓意为死者“掌门”[tsiõ^{13}mɯŋ^{55}]（看门），在入土前将“纸简”放在棺木上，如今仍在棺木送上火葬场的车以前插上。另外，

图6－112 过桥

图6－113 纸筒

无论是“出山”还是上文所提到的“报地头”“买水”“成服”等队列中，过去都要求直系亲属“北$^{=}$赤骹”[pak^{4}tsʰiaʔ^{4}kʰa^{33}]（赤脚），如今已极少有人行此习俗了。过去“出山”要求返回的路应与来时不同，如今多送至殡仪馆的接送车，有些也就只好原路返回了。

落葬 [lok^{2}tsɯŋ^{213}]

也即入土。棺木放入土坑以后，第一捂土需由长子撒入。如今虽然提倡火化，有不少人将骨灰寄存在殡仪馆或者直接撒入大海，但农村中仍存在骨灰入棺再土葬的现象，揭阳人认为“风水”[huaŋ^{33}tsui^{53}]（坟墓）关系后代子孙的祸福，土葬较难杜绝。

放种子 [paŋ^{42}tseŋ^{13}tsi^{53}]

指放“五色种子”[ŋou^{13}sek^{4}tseŋ^{13}tsi^{53}]（见图 6–76），在入土后进行。孝子、孝孙、孝妇等在坟前跪下，各户将“大裙”[tua^{11}kuŋ^{55}]和“布袋”[pou^{42}to^{11}]放在各自面前，主事“老大”按照排行从大到小将“五色种子”放入“大裙”当中，最后各家将种子带回家。

谢土神 [sia^{11}tʰou^{13}seŋ^{55}]

指祭拜土神，与入土后坟前祭拜同时进行。在修建坟墓的同时，旁边会修建一个小土堆，作为土地神的居所，若坟墓立碑，土神也立碑。葬礼的最后一个环节就是谢土

图6－114 谢土神

神，希望先人在阴间也能够得到神明的庇佑。每年清明和冬至扫墓，祭拜先人的同时也必须祭拜土神。

拜回灵 [pai⁴²hue¹¹leŋ⁵⁵]

葬礼最终，长子在坟前烧三炷香带回家，意思是带死者的灵魂回家，回到家后再行祭拜之礼。祭拜仪式只有直系亲属参加，供品需要三牲粿品等。改为火化以后，人们便在火化时点三支香带回家祭拜。

食清气 [tsiaʔ²tsʰeŋ³³kʰiʔ²]

或称“食清气桌”[tsiaʔ²tsʰeŋ³³kʰiʔ⁴toʔ²]，指死者“出山”[tsʰuk⁴suã³³]当天晚上宴请姻亲、房亲和其他在丧葬礼仪中出力相助的人，多数天未黑就结束。整个丧葬礼中，参加治丧人员的三餐都由丧家负责，但是晚餐这一顿最重要，菜式要比前面的丰盛，“十二下菜”[tsap²ʥi¹¹e¹¹tsʰai²¹³]（12 道菜。见图 6–116），有鱼有肉，和其他宴会一样有头尾两道甜汤或甜食。“清气”[tsʰeŋ³³kʰiʔ²]在揭阳方言中意为干净，传统认为，吃了这一顿，能祛除丧葬中的晦气，带来“财气”[tsʰai¹¹tsʰi²¹³]（好运）。尤其是如果死者高寿，更是被看作不可不吃之宴。宴席须请专人安排座次，一些比较重要的人（像主持治丧的“老大”）需要坐在首席，并由专人陪伴。

图6－115 食清气

图6－116 十二下菜

而孝子、孝孙、孝妇等只能在所有人吃完以后随便吃一点儿，不能和其他人一起吃，甚至不能坐着吃。

拜七 [pai^{42}ts^{h}ek^{2}]

指亲人去世后，隔七日祭拜，一般得拜“头七”[t^{h}au^{11}ts^{h}ek^{2}]、“二七”[ʥi^{11}ts^{h}ek^{2}]、“三七”[sã^{33}ts^{h}ek^{2}]，三七也称为“完七”[uaŋ^{11}ts^{h}ek^{2}]。一些地区（像揭东玉白）是“拜旬”[pai^{42}suŋ^{55}]，即死者去世后逢“初一[ts^{h}iu^{33}ek^{2}]、十五[tsap^{2}ŋou^{35}]”祭拜，共拜“三旬”[sã^{33}suŋ^{55}]。祭品丰盛的有猪头、大棚粿和三牲粿品。

走□ [tsau^{13}hã^{213}]

也称“行破”[kiã^{11}p^{h}ua^{213}]，出嫁的女儿婆家如有丧事，在拜头七的那天一大早要带着糖回娘家，吃一碗娘家做的甜汤或甜面，并将娘家准备的“豆干”[tau^{11}kuã^{33}]（豆腐）、“韭菜”[ku^{33}ts^{h}ai^{213}]、“包”[pau^{33}]、“桶箍”[t^{h}aŋ^{13}k^{h}ou^{33}]、“糖”[t^{h}ɯŋ^{55}]带回去祭拜，此后方可与娘家人正常来往。按照揭阳的传统习俗，家中有丧事，家人百日内不可到别家去（不只是娘家），怕把晦气带给别人，如今多数人都已经不讲究了。

图6－117 过社

拜百日 [pai^{42}peʔ^{4}ʥek^{5}]

拜百日祭品必须有猪头、大糊粿以及“豆目”[tau^{11}mak^{5}]、“团”[tʰuaŋ^{55}]、“菜粿”[tsʰai^{42}kue^{53}]、“桃粿”[tʰo^{11}kue^{53}]等粿品。外嫁的女儿也需要参加祭拜活动，并且要做一百个以上的包祭拜，是为“百出”[peʔ^{4}tsʰuk^{2}]（超过一百），也有一些是女儿出资百元以上一起置办祭品，同样也是取“百出”之意，娘家回礼三牲和两双鞋（过去是“红屐”[aŋ^{11}kiaʔ^{5}]）；孝子也需做包祭拜，但数目不能超过百个，是为“百入”[peʔ^{4}ip^{5}]（不超过一百）。“拜百日”在揭阳地区是非常重视的，揭阳俗语称“百日百事直”[peʔ^{4}ʥek^{5}peʔ^{4}sɯ^{11}tek^{5}]，说的就是过了一百天后所有事情都完结了。如今揭阳地区家家户户几乎都有在外谋生的，不能总是回家祭拜，因此新式的做法是丧礼结束后三五天，让算命先生就近算一个合适的日子，“拜七”（或“拜旬”）和“拜百日”一并进行，省得在外的人员来回奔波。

拜对年 [pai^{42}tui^{42}nĩ^{55}]

指亲人过世后第二年在忌辰当天祭拜，时间正好一年，是为“对年”[tui^{42}nĩ^{55}]。祭品与头七和百日一致。无论是“拜七”“拜旬”“拜百日”还是“拜对年”“过社”，祭品都要分给参加祭拜的各家，说是吃了以后会得到祖先的福荫。

过社 [kue^{42}sia^{35}]

指下葬后的前三年在清明节前的“社日”[sia^{11}ʥek^{5}]祭拜，祭品也是猪头、大糊粿、三牲等，共需拜三年。“过社”结束后的年份，先人才和更早的先人一样只是在清明节、冬至等节日祭拜。过社的三年以入土为准，不以出殡的日子为准。如今实行火化，有些人家骨灰寄存，不一定当年入土（或者不入土）。

拜忌 [pai^{42}k^{h}i^{11}]

指在先人的忌日拜祭，揭阳仙桥一带有此习俗。仪式在祠堂或“客厅”举行，同一宗族的人都得参加。

图6－118 拜忌

柒·岁时节令

图7－1 岁时节令

揭阳地区所过的传统节日与国内其他地区基本一致，不过“过节”的习俗则有自己的特点，像逢节必祭拜神明，以及在重阳、冬至等节日祭拜先人等。过去揭阳外出谋生的不算多，每逢年节都比较热闹，如今的乡镇多剩一些老人小孩，有不少人在外定居，节日的气氛就越来越淡了。

一　过年

“过年”[kue⁴²nĩ⁵⁵]是中国的传统节日，在揭阳也是最重要的节日，各家祭祖、祀神，各地舞狮舞龙，鞭炮连连。改革开放后，中青年外出谋生的越来越多，农村中“过年”便显得有些冷清了。

采尘 [tsʰai¹³tʰuŋ⁵⁵]

俗作“采囤”，指用竹篙等绑着竹叶扫落房顶的灰尘，是过年的开始。“采尘”是春节前清洁活动的开始，扫落的房顶灰尘会掉在家里的其他家具上，因此，扫完房顶再清洗家里的日常用具和屋里屋外，锅底灰要刮干净，奉神的香炉要把残存的香拿掉，旧的对联和一些符咒也都要清理干净。村里的各个“老爷宫”也会有信众自发打扫，有些地方还会挂上灯笼以迎合春节的喜庆（见图 7–3）。各项清洁活动完成后才可进行隆重的祭祀活动。不但房屋家具要清洁，人们自身也要清洁，除了购置新衣，男人们往往在年前理发，过去成年的女性还在年前“挽面”[maŋ⁵³meŋ¹¹]。

图7－2 采尘

图7－3 挂灯笼

图7－4 红桃馃（1）

图7－5 红桃馃（2）

图7－6 红桃馃印

送神 [saŋ^{42}seŋ^{55}]

指恭送诸神上天，活动多在腊月二十四进行，也称“神上天”[seŋ^{55}tsiõ^{11}tʰĩ^{33}]。过去主要祭拜灶君，如今多数地方都是到各处“老爷宫”祭拜村里所供的所有神明。与“送神”活动相应的是“等神”[taŋ^{13}seŋ^{55}]（迎接诸神回人间），祭拜仪式近似，在正月初四举行。

红桃馃 [aŋ^{11}tʰo^{11}kue^{53}]

一种带馅儿的馃品，甜的以豆沙为馅儿，咸的以糯米、花生为馅儿。“馃皮”[kue^{13}pʰue^{55}]加入蔬菜馅儿的“馃”只需包入蔬菜将口捏合即可，而“红桃馃”讲究造型，需再用雕花的桃形“馃印”（见图 7–6）印制。“红桃馃”也称“桃馃”[tʰo^{11}kue^{53}]，和“馃皮”时加入“大红”[tua^{11}aŋ^{55}]（红曲粉），“馃皮”便呈红色，红色契合节日的喜庆气氛，因此“红桃粿”是年节祭神和婚嫁等喜事必备的馃品，只有在丧事、扫墓时才会用不加红曲粉的“白桃馃”[peʔ^{2}tʰo^{11}kue^{53}]。

碗团馃 [uã^{13}kiã^{13}kue^{53}]

属于发酵类的馃品，不包馅儿。“碗团”[uã^{13}kiã^{53}]就是小碗，将大米面发酵后加糖和酒，以小碗为容器放在蒸笼里蒸，蒸熟冷却后再将馃品挖出。如果发酵得好，蒸熟后表面呈花开状，所以也称为“笑

图7－7 碗团馃

图7－8 贴对联

粿”[$ts^{h}io^{42}kue^{53}$]。“笑”与喜庆相连，因此“碗团粿”也常常在年节中作为祭神或祭祖的供品。

贴对联 [$taʔ^{4}tui^{42}liaŋ^{55}$]

这是农村中少不了的活动，多数人在除夕当天贴，也有早一两天贴的。有些人喜欢自己写对联，有些则到圩镇上买现成的。不但自己的家里要贴对联，祠堂乃至“老爷宫”也都要贴上。揭阳祠堂的对联不仅仅是表达新年的美好祝愿，更多的是彰显先祖功德或家族辉煌历史的，也有一些对联结合祠堂所供祖先的名号用藏头联书写。除了对联，许多人家同时还粘贴门神。

拍□鳔⁼ [$p^{h}aʔ^{4}p^{h}oŋ^{42}p^{h}io^{35}$]

即放鞭炮，这是过年少不了的活动，除了年三十和大年初一在家门口燃放之外，在祠堂祭祖后也会燃放。“□鳔⁼”[$p^{h}oŋ^{42}p^{h}io^{35}$]常作为祭祖的供品之一（见图 7–9），祭拜以后集中燃放。

图7－9 □鳔⁼ [$p^{h}oŋ^{42}p^{h}io^{35}$]

三十冥 [sã³³tsap²mẽ⁵⁵]

图7－10 三十冥

即除夕。有时“廿九”[ʥiʔ²kau⁵³]便是除夕，人们也习惯称之为“三十冥”。这一天小孩和大人都要早早沐浴，穿上新衣服，吃饭也要比平时早。揭阳有句俗语“早过三十冥”[tsa¹³kue⁴²sã³³tsap²mẽ⁵⁵]（形容事情进行得特别早），可见这一天各项事情都比平时进行得早。晚饭应该是特别丰盛的，或者说是一年当中最丰盛的，大鱼大肉、各种馃品，如今生活好了，有人就说每天都跟过年似的。晚饭以前得先准备丰富的祭品拜祭各路神明、“祖公祖姆”[tsou¹³koŋ³³tsou¹³ma⁵³]（当地最早的先祖，在祠堂祭拜）和“老公老姆”[lau¹¹koŋ³³lau¹¹ma⁵³]（曾祖父、曾祖母，在家里祭拜），大年初一、初二早上也得拜，初一讲究用斋菜拜祭，其他的时间没有讲究。晚饭后大人要给孩子压岁钱，俗称“矺腰”[teʔ⁴io³³]，小孩给长辈行跪拜之礼则已经逐渐消失了。春节的时候一般也要给老人“矺腰”，数目比给小孩的要多。

村里公用的井在年三十要封闭，到初三举行“开井”仪式后才可以使用。仪式事实上就是祭拜井神，由村里的“老大”或常主事的老妇人带头到井边祭拜，有的地方有祭品，有的地方只是焚香祭拜（见图 7–11）。如今家家有井，公用的井使用频率大大降低，人们对仪式也就不那么看重了，因此，很多地方这一仪式逐渐消失了。

图7－11 开井

图7－12 肉□ [nek^{2}kauʔ^{2}]

肉□ [nek^{2}kauʔ^{2}]

这一食品是节日必备的，过年时尤其不可或缺，也是重要的供品。“□”[kauʔ^{2}]在揭阳方言中表示动作“卷”，“肉□”[nek^{2}kauʔ^{2}]就是“腐膜”[hu^{11}moʔ^{5}]（极薄的豆腐皮）里卷着肉食。制作时先将五花肉、荸荠、鸡蛋（熟的）等切成粒状，加入虾米和调料，用面和成糊状作为“馅儿”备用。将成张的“腐膜”[hu^{11}moʔ^{5}]沾湿铺在桌上，再将馅儿一字铺开，最后卷起来放锅里蒸熟。“肉□”[nek^{2}kauʔ^{2}]食用时一般切成小块儿放锅里油炸，口感香脆。

拜年 [pai^{42}nĩ^{55}]

大年初一、初二是传统的拜年时间，亲戚和好友之间都会互相走动，互相祝福“新正如意”[seŋ^{33}tsiã^{33}ʣu^{11}i^{213}]、“恭喜发财”[kioŋ^{33}hi^{13}huak^{4}tsʰai^{55}]，同时给小孩子压岁钱。过年期间都要说好听的话，小孩做错事不能打骂，债主也不能在此期间上门讨债，此外，年初一还讲究不拿刀、不扫地。

亲戚朋友年前都会互赠礼物，吃的用的都有，到了拜年的时候，一般就只是去坐坐，但是要带上“大橘”[tua^{11}kek^{2}]和糖果，“大橘”4个、6个、8个、12个都可以，但不能要单

图7－13 大橘

图7－14 橄榄

图7－15 束沙

数。“大橘”是一种彩头，要原封不动让来拜年者带回或者用同等数量的“大橘”交换，不能收下，否则会被认为“唔晓情理”[m¹¹hiau¹³tsʰeŋ¹¹li⁵³]（不懂礼节）。“大橘”可以指橘子，也可以指“柑”[kã³³]（见图 7–13），更多的指后者。柑是橘子和橙子杂交而成，口感类似橙子，耐储藏，皮厚而好剥，在整个潮汕地区都广受好评。揭阳普宁盛产“蕉柑”[tsiau³³kã³³]，比“椪柑”[pʰoŋ⁴²kã³³]皮薄，深受人们喜爱。柑在揭阳是重要的祭品，因为寓意“大吉”（“橘”“吉”同音），宗族捐款的回礼一般也有柑。揭阳人家里春节常备的，除了柑和日常也喝的功夫茶以外，就是“橄榄”[kã³³nã⁵³]（见图 7–14）和“束沙”[sok⁴sa³³]（见图 7–15）。“橄榄”也是潮汕的特产，口感先涩后甘，外地人吃不来，因此外地卖的都是蜜饯制品，当地则食鲜果为多。“束沙”是一种糖果，是将炒熟的花生米拌上煮炼成的白糖浆，加以摇簸而成颗粒状。“束沙”除了作为茶点招待客人，还常用来祭神。由于其口感松脆，味道香甜，深受揭阳人喜爱。现在也有工艺将其做成咸味，称为“咸束沙”[kiam¹¹sok⁴sa³³]。

走团日 [tsau¹³kiã¹³dzek⁵]

“走团”[tsau¹³kiã⁵³]指女儿，“走团日”是大年初二，这一天外嫁的女儿要带丈夫和儿女回家给父母拜年，并给父母红包，表示不忘双亲养育之恩。

图7－16 取七样菜

取七样菜 [ts^{h}u^{13}ts^{h}ek^{4}iõ^{11}ts^{h}ai^{213}]

指大年初七这一天要取七种菜煮着吃，“七样菜”[ts^{h}ek^{4}iõ^{11}ts^{h}ai^{213}]也称“七样羹”[ts^{h}ek^{4}iõ^{11}kẽ^{33}]。过去讲究七种菜是“葱”[ts^{h}aŋ^{33}]（谐“聪明”）、“蒜”[sɯŋ^{213}]（谐“能计会算”）、“芫荽”[huaŋ^{11}sui^{33}]（谐“结善缘”）、“芹菜”[ts^{h}eŋ^{11}ts^{h}ai^{213}]（谐“勤劳”）、“厚合”[kau^{11}haʔ^{5}]（谐“合心合意”）、“春菜”[ts^{h}uŋ^{33}ts^{h}ai^{213}]（谐“春财”）和“大菜”[tua^{11}ts^{h}ai^{213}]（谐“大财”），也可以将其中一种换成“韭菜”[ku^{33}ts^{h}ai^{213}]（谐“久久发财”）。如今，不少人只记得吃七样菜之俗，也记得可以在他人“菜园”[ts^{h}ai^{42}hɯŋ^{55}]取菜之说，但不一定严格地取传统的七种菜，很多只是凑够七种就算了。

营锣鼓 [iã^{11}lo^{11}kou^{53}]

指锣鼓队在村里游行，春节期间随处可见。潮州大锣鼓蜚声海内外，节奏相对简单而声势浩大，在整个潮汕地区都非常流行。过去各村有自己的锣鼓队，村大人多，村小人少，都是自己整合训练（见图7–17）。如今多是专门的武馆提供锣鼓出游服务，着装统一，人多势众，更为壮观（见图7–18）。锣鼓队也是游神队列的重要组成部分。

图7－17 锣鼓队

图7－18 营锣鼓

图7－19 舞狮

舞狮 [mou^{11}sai^{33}]

揭阳各地春节期间都有举行，时间不一，大多配合“大锣鼓”[tua^{11}lo^{11}kou^{53}]出演。明代的潮剧戏文中有舞狮习俗的记载。

营龙 [iã^{11}leŋ^{55}]

就是游龙活动。

图7－20 营龙（1）

图7－21 营龙（2）

烧龙 [sio^{33}leŋ^{55}]

揭阳市东山区乔林乡的一项传统活动，据说始于明代，至今已有五百多年的历史。舞狮舞龙在揭阳都比较常见，烧龙则比较特别。整个活动分为“游龙”[iu^{11}leŋ^{55}]、“舞龙”[mou^{11}leŋ^{55}]和“烧龙”三个环节，前二者从大年初一开始，一直到初十晚，活动到达高潮——燃烧烟花火龙。每条火龙由十二人把持，参加者都是青壮年，只穿短裤，头戴斗笠，由“龙珠”[leŋ^{11}tsu^{33}]指引一路向前，场外则有鞭炮助阵，气势恢宏。乔林烟花火龙已被列入第二批国家级非物质文化遗产名录。揭西五经富也有烧火龙的活动，不过时间是在元宵节，也有二百多年历史。

图7－22 烧龙

二　正月十五

“元宵”[ŋuaŋ¹¹siau³³]在揭阳地区一般称“正月十五”[tsiã³³ŋueʔ²tsap²ŋou³⁵]，春节的各项活动持续到元宵节后几天就完全结束了。元宵前后揭阳各地都有盛大的“营老爷”[iã¹¹lau¹¹ia⁵⁵]活动，还有“做大戏”[tso⁴²tua¹¹hi²¹³]、“英歌”[eŋ³³ko³³]、“纸影戏”[tsua¹³iã¹³hi²¹³]，城区还会举行诸如灯会一类的活动。十五这一天傍晚，必不可少的是和除夕一样“拜老公老姆”[pai⁴²lau¹¹koŋ³³lau¹¹ma⁵³]和“拜祖公祖姆”[pai⁴²tsou¹³koŋ³³tsou¹³ma⁵³]。

拗榕竹 [a¹³seŋ¹¹tek²]

指折榕树枝和竹枝。折来的“榕竹”[seŋ¹¹tek²]插在“司命公”[sɯ³³meŋ¹¹koŋ³³]（灶君）和“门神”[mɯŋ¹¹seŋ⁵⁵]前（见图 7–24），谓“插榕竹”[tsʰaʔ⁴seŋ¹¹tek²]”，此举意在祈求家宅平安，“有成有得”[u¹¹seŋ⁵⁵u¹¹tek²]（“榕”“成”同音，“竹”“得”同音）。这一活动在正月十一进行，天亮以后便可“拗榕竹”，据说越早越好。榕和竹是揭阳常

图7－23 拗榕竹

图7－24 插榕竹

见的植物，有着美好的寓意，婚丧和祭神活动都要用到，除了正月十一用来祭拜之外，人们在“行头桥”[kiã^{11}tʰau^{11}kio^{55}]的时候也都带着“榕竹”去摸石狮。

行头桥 [kiã^{11}tʰau^{11}kio^{55}]

图7－25 石狮爷

行头桥是榕城区和普宁洪阳传统的元宵活动，始于清代，所走的桥为榕城的石狮桥和洪阳太平桥。洪阳的行头桥只在十五当天晚上进行，而榕城的活动则分为三个阶段，十一晚“行头桥”，十五晚“行二桥”[kiã^{11}ʥi^{11}kio^{55}]，十六晚“行尾桥”[kiã^{11}bue^{13}kio^{55}]，以十一当天最为热闹。据说过桥是为了度厄，图个好彩头，给自己带来好运，过桥时要一路向前走，不可回头。人们还会摸摸桥头的“石狮爷”[tsioʔ^{2}sai^{33}ia^{55}]（见 7–25），说一些吉祥的话语，像带着孩子的，会说“摸狮头[mou^{11}sai^{33}tʰau^{55}]，阿弟（阿妹）事事势[a^{33}ti^{35}（a^{33}moi^{35}）sɯ^{11}sɯ^{11}gau^{55}]”（“阿弟阿妹”是对儿子女儿的称呼。“势”指乖巧、听话）、“摸狮鼻[mou^{11}sai^{33}pʰĩ^{11}]，写雅字[sia^{13}ŋia^{13}ʥi^{11}]”，孕妇过桥会说“摸狮耳[mou^{11}sai^{33}hi^{35}]，生阿弟[seŋ^{33}a^{33}ti^{35}]”，年轻的小伙子会说“摸狮肚[mou^{11}sai^{33}tou^{53}]，娶雅姯 [tsʰua^{11}ŋia^{13}bou^{53}]”（“雅姯”[ŋia^{13}bou^{53}]指漂亮的老婆）。

图7－26 行头桥（1）

图7－27 行头桥（2）

安⁼团灯 [aŋ^{33}kiã^{13}teŋ^{33}]

“安⁼团”[aŋ^{33}kiã^{53}]指玩偶，因在灯橱中展示，故称“安⁼团灯”。这是揭阳榕城郑厝的元宵活动，相传明清已有，展出的泥塑主要有历史人物和历史故事两大类，从正月十一到正月十五举行，一共五天。因其人物活灵活现，深受大人小孩的欢迎。

图7－28 安⁼团灯

纸影戏 [tsua^{13}iã^{13}hi^{213}]

指木偶戏，乡村年节常有出演。节目一般配合潮剧演出，需要的人员少，成本较低，一些请不起潮剧团的乡村多请纸影戏团出演。纸影戏更适合小孩子的口味，那一个个木偶的形象总能深入童心。因此，请得起潮剧团的乡村仍会同时聘请纸影戏团，以满足不同观众群体的需要。

图7－29 纸影戏

英歌 [eŋ^{33}ko^{33}]

或称“莺歌”[eŋ^{33}ko^{33}]、“唱英歌”[ts^{h}iaŋ^{42}eŋ^{33}ko^{33}]、“英歌舞”[eŋ^{33}ko^{33}bu^{53}]，是结合演唱、舞蹈和南拳的艺术形式，始于明清，至今已有三百多年的历史。英歌根据梁山泊英雄攻打大名府的故事改编，因此可以理解为英雄赞歌。英歌队员均画上梁山好汉的脸谱（见图 7–30），最少 16 人，最多 108 人（人数必须是双数），一半持短棍，一半持鼓（也有全部执短棍的）。此外，前头有一“掠蛇”[liaʔ^{2}tsua^{55}]人（见图 7–31）负

图7－30 英歌队

图7－31 掠蛇

图7－32 唱英雄

责协调节奏。演出分三部分，第一部分是“唱英雄”[$ts^{h}iaŋ^{42}eŋ^{33}hioŋ^{55}$]（见图 7–32），也是表演的主体；第二部分是“唱戏”[$ts^{h}iaŋ^{42}hi^{213}$]（见图 7–33），要唱三个节目以上；最后的部分是“拍布马”[$p^{h}aʔ^{4}pou^{42}be^{53}$]（打布马。见图 7–34），是和尚为首的一方与腰装布马形象的官兵对打，以和尚一方胜出告终。揭阳市不少地方都有英歌队，其中以普宁的最为有名，从年初一到元宵节后几天，是英歌表演最集中的时段，其他的大型节日也可能有英歌演出。英歌已被列入第一批国家级非物质文化遗产名录。

图7－33 唱戏

图7－34 打布马

图7－35 拍谜

拍谜 [p^{h}aʔ^{4}mi^{35}]

即猜灯谜，不少城镇元宵前后都有举行，乡村较少见。

睇新娘 [t^{h}õi^{13}seŋ^{33}niõ^{55}]

指揭阳部分乡镇元宵前后举行的看新娘活动，凡前一年新婚的夫妇要穿上结婚时的漂亮礼服集中在村里，让大家观看，新郎早已认识，只有新娘陌生，所以称“睇新娘”。有的地方也称“摆新娘”[pai^{13}seŋ^{33}niõ^{55}]。

三　清明节

挂纸 [kue42tsua53]

清明节揭阳人只说“清明”[tsʰeŋ33meŋ55]，最重要的活动是“挂纸”[kue42tsua53]（扫墓。“挂”在其他语境读[kʰua213]）。“挂纸”来源于将白、黄两种纸条“挂”在墓地里，除了坟上要挂，周边的树木也都要一并挂上（见图 7–37）。因冬至也有扫墓的，因此清明也称“挂春纸”[kue42tsʰuŋ33tsua53]。过去“挂纸”只限清明这一天，提前或押后都被认为对祖先不敬，如今不那么讲究了，因此也有人在清明前几天上山祭拜。

图7－36 挂纸（1）

图7－37 挂纸（2）

上山时除了带祭品、香烛、纸钱外，还要带上油漆、毛笔，给墓碑上的字“油漆油”[iu11tsʰek4iu55]（上漆。见图 7–38）使其清晰。到坟地后首先要填土整坟，清除沙尘杂草，并在墓碑及墓堆上挂纸条，举行祭礼。清明是揭阳人极为重视的节日，每年清明节，那些出门在外甚至移居国外的揭阳人都会回乡“挂纸”，深汕高速和广汕高速每年清明前后都因潮汕回乡潮出现大堵车，可

图7－38 油漆油

图7－39 挲⁼罗⁼包

见人们对此是多么重视。回乡一方面表达自己不忘先人、不忘故土之情，另一方面也是希望祖先泉下有知，保佑自己一切顺利。清明的祭品少不了一种用面粉发酵制成的“挲⁼罗⁼包”[so^{33}lo^{33}pau^{33}]（见图 7–39），酵母的“发”与“发财”的“发”相同，因此成为人们喜爱的祭品。“挂纸”后的祭品需分给各家享用，传统的观念认为吃了祭拜过的物品能受先人的“保护”[po^{33}ho^{11}]（保佑）。

糖葱薄饼 [t^{h}ɯŋ^{11}ts^{h}aŋ^{33}poʔ^{2}piã^{53}]

揭阳和其他潮汕地区有名的甜食，清明时节食用较多，已有三四百年的历史，据说从寒食节演变而来。“糖葱”[t^{h}ɯŋ^{11}ts^{h}aŋ^{33}]用白糖和麦芽糖制作，因糖成条形中空而有“葱”之名，又因入口酥脆易掉糖屑而用薄饼包裹。薄饼之薄，恐怕只有卷北京烤鸭那种荷叶饼的五分之一厚。糖葱之外，还会加入椰丝或者芝麻一起包裹。糖葱多为人工制作，工序包括熬糖浆、抻拉糖条、晾干、切块。抻拉是最重要的工序，在糖浆冷却为糖块时反复抻拉，形成中空，一般两人合作。糖块不能完全冷却，否则无法抻拉，温度不够时需要在火上烤烤才能抻拉（见图 7–42）。糖葱过去极为常见，如今只在乡镇的糖铺有售，城市已经见不到了。

图7－40 糖葱薄饼（1）

图7－41 糖葱薄饼（2）

图7－42 做糖葱

朴籽馃 [p^{h}oʔ^{4}tsi^{13}kue^{53}]

清明节前后特有的馃品。用朴籽树的嫩叶榨汁，再和大米浆和在一起，呈浅绿色，装入小陶钵或者小碗蒸熟即可。朴籽馃蒸熟后一般是裂开的，像人在笑，味甜，有开胃健脾的功效。

鼠曲馃 [ts^{h}ɯ^{33}k^{h}ak^{4}kue^{53}]

清明前后常见的馃品，“鼠曲”是一种野生草药，具有消积化瘀、调理脾胃的功效。制作时将鼠曲草洗净焯水，放在石臼中捣烂，再和糯米面儿掺和做成“馃皮”。“鼠曲馃”可甜可咸，甜馅儿为红豆沙或绿豆沙，咸馅儿为花生、肉丁、虾米等。

图7－43 朴籽馃

图7－44 鼠曲馃

四　五月节

粽 [tsaŋ²¹³]

端午节揭阳人一般称为“五月节”[ŋou¹¹gueʔ²tsoiʔ²]，这一节日传统的活动是用竹叶包粽子。每个粽子需要两片竹叶，馅儿以糯米、绿豆、花生、猪肉、虾仁等为主，基本都是咸的。粽子一般有三个角，包好后要用“咸草”[kiam¹¹tsʰau⁵³]捆绑，一头系紧，一头与其他几个集合成把，方便煮熟后捞起。咸草是海边的草，韧性较强，不容易折断。“五月节”也需要祭拜祖先，而粽子则是少不了的祭品（见图 7–46）。

图7－45 粽

图7－46 五月节祭拜

图7－47 □龙船[pʰe¹¹leŋ¹¹tsuŋ⁵⁵]

□龙船 [pʰe¹¹leŋ¹¹tsuŋ⁵⁵]

即赛龙舟，是历史悠久的端午节活动，旧时村落经常举办。揭阳和潮汕其他地区一样，有着丰富的水源，河流交错分布，为龙舟活动提供重要的地理条件。赛龙舟活动一般都有多支队伍参加，每条船的船头都坐一个孙悟空打扮的男孩，手拿着扇子指挥队员们的划船节奏。

艾 [hiã¹¹]

端午节这一天在揭阳被称为“圣日”[siã⁴²ʥek⁵]，据说这一天的艾草是一年中阳气最充足的，因此不少人在这一天采摘艾草，有的插在门上，有的晒干备用，还有的煮水沐浴。也有人在这一天汲井水或溪水存放，据说这一天所接的水经久不坏，乃至有健体祛病之功。艾草具有活血驱寒的功能，女性坐月子常常用艾草煮水擦洗身体，有的还用艾草根炖鸡汤。

栀粿 [kĩ³³kue⁵³]

潮汕地区端午节特有的食品，用糯米面和栀子（俗称“黄枝”[ŋ¹¹ki³³]）汁、食用碱等制作而成，最后用线切开，蘸着白糖吃。五月暑湿炎热，栀粿能帮助消化，清热利湿，是揭阳人喜爱的时令食品。

图7－48 艾

图7－49 栀粿

五　七月半

揭阳将七月十五中元节称为“七月半”[tsʰek⁴gueʔ²puã²¹³]或“鬼节”[kui¹³tsoiʔ²]，必不可少的是在祠堂祭拜祖先（见图 7–50），此外，主要的活动就是“施孤”。

图7－50 七月半祭祖

施孤 [si³³kou³³]

“七月半”的传统活动，也称“摆路祭”[pai⁴²lou¹¹tsi²¹³]。“施孤”在七月十五夜里举行，不是祭祀某家某户的先祖或亡人，而是祭祀孤魂野鬼，和祭祖一样烧香燃纸跪拜，只是没有供桌，祭品直接摆在地上。活动中有不少成袋的大米作为祭品，

图7－51 施孤

图7－52 安⁼团馃

祭拜之后就分发给村里贫穷的人家。有些祭拜的场所还会像元宵节前后那样“做大戏”[tso^{42}tua^{11}hi^{213}]或演“纸影戏”[tsua^{13}iã^{13}hi^{213}]，以示施舍者的舍得之心，但因节日特殊，场面远不如元宵时那么热闹。

安⁼团馃 [aŋ^{33}kiã^{13}kue^{53}]

是“七月半”才制作的“馃”，多以绿豆沙为馅儿，捏合后需要用馃印印制。过去“安⁼团馃”馃印的花样很多，都是小孩子喜欢的图案，鸡、鸟、鱼等小动物（见图 7–53），还有童子形象。不过，由于陶器易摔，市面上又无新品，各家的馃印数量日渐稀少，花样也就越来越少了。

图7－53 安⁼团馃印

六　中秋节

中秋节最主要的活动就是祭月、赏月。此外，“烧瓦窑”也是传统的活动。有些地方还有请神活动。

拜月娘 [pai^{42}gueʔ^{2}niõ^{55}]

“中秋节”[toŋ^{33}ʦ^{h}iu^{33}ʦoiʔ^{2}]也称“中秋”[toŋ^{33}ʦ^{h}iu^{33}]或“八月十五”[poiʔ^{4}gueʔ^{2}tsap^{2}ŋou^{35}]、“八月半”[poiʔ^{4}gueʔ^{2}puã^{213}]，传统的活动是祭拜月亮，称

图7－54 拜月娘

图7－55 芋

图7－56 官服

为“拜月娘”[pai^{42}gueʔ^{2}niõ^{55}]，多由妇女和孩子祭拜。祭拜活动在八月十五的晚上在室外看得见月亮的地方进行，祭品有月饼、各式纸钱和各种应季的水果，不可或缺的还有“芋”[ou^{11}]（芋头。见图 7–55）。据说源于元兵进攻潮州时欺压百姓，百姓相约中秋邀请元兵吃月饼，以芋头祭拜月亮为暗号（“胡”[ou^{55}]与“芋”[ou^{11}]语音相谐）举行起义，起义最终成功，用芋头祭拜之俗也就随之流传。此外，中秋还需要“拜官服”[pai^{42}kuã^{33}hok^{5}]，寓意天官赐福（见图 7–56）。官服一说为“太阴娘袍”，代表月亮神；一说为宋代龙图阁大学士潮州人刘昉的官服，当年潮州知府林监丞鱼肉百姓，刘昉为了教训他，回乡时故意在门口晾晒官服，以致林监丞以为大官在前，连忙低头跪拜。到底哪一个才是最初的起源，谁也说不清楚，都只是遵循古制祭拜而已。

朥饼 [la^{11}piã^{53}]

是潮式月饼，四季有售，以中秋时节上市最多。“朥”在揭阳方言指“猪油”，称为“朥饼”主要是制作饼皮时掺进猪油，使饼皮油炸或烘烤后又酥又脆、入口即化。“朥饼”的馅儿主要有绿豆沙和“乌豆（黑豆）沙”[ou^{33}tau^{11}sua^{33}]，此外还有“水晶朥饼”，以冬瓜丁和膘肉丁为主要原料。

图7－57 朥饼

书册糕 [tsɯ^{33}ts^{h}eʔ^{4}ko^{33}]

“糕”[ko^{33}]（见图 7–58）是用熟糯米粉、花生仁、芝麻和白糖等加工而成，也称为“米糕”[bi^{13}ko^{33}]。以绿豆粉为原料的“糕”称为“绿豆糕”[lek^{2}tau^{11}ko^{33}]，有些“糕”表面压印有菊花纹，称“菊花糕”[kek^{4}hue^{33}ko^{33}]，用于婚庆。中

图7－58 糕

图7－59 书册糕

秋节供奉月娘的“糕”是片状的，称为“书册糕”(见图 7–59)。

烧瓦窑 [sio^{33}hia^{11}io^{55}]

是一种中秋之夜进行的孩童活动，历史无从考察，但从清朝至今一直都在举行。过去的做法是捡一些大大小小的瓦片垒成塔状，以大的土块为塔基和灶口，再将瓦片层层叠加，彼此之间留空隙，低者过米，高者上丈，叠好后在塔中插一根大的木棒。夜幕降临后，孩子们便往灶口里塞柴草并点燃，火越燃越旺，半夜里就气焰冲天了，有些孩童还在瓦窑里撒粗盐，火焰便绚丽耀眼。如今瓦片不那么常见了，多数改用红砖代替。

请神 [tsiã^{13}seŋ^{55}]

中秋当晚，有人还会玩请神游戏，各地所请的神不一定一样，有针神、蛤蟆神、篮姑神、扁担神等。据说中秋月色优美，众神都出来游玩，容易请到。请神时需要念咒语，像请扁担神要由二人肩上抬一根扁担，反复念“平担平担神[pẽ^{11}tã^{33}pẽ^{11}tã^{33}seŋ^{55}]，耳灵灵[hĩ^{35}leŋ^{11}leŋ^{55}]，来君子[lai^{55}kuŋ^{33}tsɯ^{53}]，去小人[k^{h}ɯ^{213}siau^{13}dʑeŋ^{55}]”。

图7－60 烧瓦窑

七　重阳节

“重阳”[$t^hoŋ^{11}ioŋ^{55}$]，或称“九月重阳”[$kau^{13}gueʔ^{2}t^hoŋ^{11}ioŋ^{55}$]，传统的习俗就是在祠堂中“拜祖公祖姆”。尽管中秋刚刚进行了祭拜，重阳的祭拜仍然必不可少。部分地方重阳节还有“放风琴”[$paŋ^{42}huaŋ^{33}k^him^{55}$]（放风筝）的活动。

图7－61 重阳祭祖

八 冬节

入冬粟 [ʥip^{2}taŋ^{33}ts^{h}ek^{2}]

图7－62 入冬粟

揭阳水稻一年两季，立冬时节正好是晚稻的成熟季节，人们会在“立冬”这一天到田里采摘成熟饱满的“入冬粟”，洗净后放家里自然风干。据说越饱满的谷穗福分越好，采摘的数目一般是十二穗，若来年有闰月，则要十三穗。采摘之俗至今仍然盛行，即使自己家里没有种稻子，到别人家田里采摘也不会遭到驱赶或拒绝。“入冬粟”在揭阳有许多用途，重要的一项是避邪治病，若小孩不慎“撞邪”或是大人参加丧事归来，可以用一穗“入冬粟”放在仙草水里，洗脸或者饮用，便可驱邪纳吉。小孩子长麦粒肿迟迟不好，大人也会用“入冬粟”的“粟”将其扎破，以达到治疗的功效。另外，婚嫁礼仪中，男方到女方家迎娶也需要用红纸包着几穗“入冬粟”送达女方家。

食冬节丸 [tsiaʔ^{2}taŋ^{33}tsoiʔ^{4}ĩ^{55}]

冬至揭阳人称为“冬节”[taŋ^{33}tsoiʔ^{2}]，这一节日最主要的习俗是要吃“冬节丸”[taŋ^{33}tsoiʔ^{4}ĩ^{55}]。“丸”[ĩ^{55}]是日常生活中是招待贵客的食品(与鸡蛋搭配便是“丸卵”)，只有到了“冬节”，“挲丸”[so^{33}ĩ^{55}](搓丸子。见图 7–63)是给全家人吃的。揭阳方言中“丸”与“圆”[ĩ^{55}]同音，“挲”的动作就是将和好糯米面儿团成圆形或椭圆形。冬节前一天晚上，要先用“丸”祭拜“司命公”[sɯ^{33}meŋ^{11}koŋ^{33}](灶君)，冬至当天才一家人一起吃“冬节丸”(见图 7–64)。

图7－63 挲丸

图7－64 冬节丸

挂冬纸 [kue⁴²taŋ³³tsua⁵³]

与清明的“挂春纸”[kue⁴²tsʰuŋ³³tsua⁵³]相比，冬节的挂纸供品相对简单，有的甚至只用鲜花祭拜。

图7－65 挂冬纸

捌·游戏娱乐

图8－1 游戏娱乐

在没有电视、电脑的年代，孩子们的游戏多种多样，玩具就地取材自己制作，如今只有像跳房子、抓石子、跳皮筋等少数游戏仍然流传，更多的都被有声有色的传媒取代了。可喜的是，人们喜闻乐见的潮剧仍然兴盛，尽管孩子们很少再陪着老人听或看潮剧了，但民间却多了很多自发的潮剧乐社，潮剧从一种专业的艺术表演，演变为大众的闲时娱乐，更加地深入民心了。潮州大锣鼓也是潮汕地区特有的艺术形式，常常与潮剧相配出演，为人们的生活添光增彩。

一　游戏

□六格 [$ts^{h}iaŋ^{11}lak^{2}keʔ^{2}$]

指跳房子。格子的画法有两种，都是六个格，只是主体部分一种是简单的田字，一种是由中央的正方形延伸出四个格。

□科 [$me^{33}k^{h}ue^{33}$]

指抓石子。四颗或五颗小石子皆可。

图8－2 □六格 [$ts^{h}iaŋ^{11}lak^{2}keʔ^{2}$]

图8－3 □科 [$me^{33}k^{h}ue^{33}$]

图8－4 掠□ [liaʔ²kap⁵]

掠□ [liaʔ²kap⁵]

一种追逐游戏，“掠”[liaʔ⁵]就是“捉”，在划定的区域里，一人捉，多人跑，被捉人者触碰就算输，输者成为新的捉人者。但奔跑者快被捉到时可以喊“□”[kap⁵]，而后立定不动，由此避免被捉。若要继续奔跑，则须由其他奔跑的人以触碰的方式“解救”。

跳索 [tʰiau⁴²soʔ²]

指跳绳和跳皮筋。前者是数量上的竞技，看谁跳的数量更多，可以单人跳也可以多人跳；后者则需各种技巧，单人跳，绳子由两个牵拉，以身体为宽度，高度由脚踝到膝盖、臀部、胸部、头顶，逐级上升，难度也相应提高。

摸目瞎 [mou¹¹mak²he⁵⁵]

就是小孩儿常玩的摸人游戏。

图8－6 摸目瞎

图8－5 跳索

图8－7 纺$^{=}$车螺

店$^{=}$□ [tiam^{42}ts^{h}ue^{11}]

指捉迷藏，也是小孩儿常玩的游戏。

纺$^{=}$车螺 [p^{h}aŋ^{13}ts^{h}ia^{33}le^{55}]

类似于抽陀螺，但是揭阳地区的陀螺没有绳子，只是将瓦片敲成巴掌大的圆圈，在圆心处钻一个孔，插一根小小的木棍或竹子，双手旋转木棍带动瓦片转动。小孩常常会将自己制作的陀螺同时转动，看谁转的时间更长。不过，这一游戏在上世纪九十年代逐渐消失，取而代之的是市面上卖的新式陀螺。

扫寸 [sau^{42}ts^{h}uŋ^{213}]

或称“□寸”[iauʔ^{4}ts^{h}uŋ^{213}]，游戏的工具是两截木棍，一长一短，长的称“寸篙”[ts^{h}uŋ^{42}ko^{33}]，短的称“寸子”[ts^{h}uŋ^{42}tsi^{53}]。一人持“寸篙”“扫”[sau^{213}]（用力向前拍打）“寸子”，另一人在扫射方向的远处张开双手，如能接到“寸子”便往回扔，扫的人用“寸篙”向扔的人回挡，再以“寸篙”丈量回挡距离的远近，远者为赢。若接者无法接着，算输，扫者回挡时未打中“寸子”，也算输。

图8－8 扫寸（1）

图8－9 扫寸（2）

□榄核 [kak²nam¹³huk⁵]

以“榄核”[nam¹³huk⁵]为工具的游戏。“橄榄”的核小且与果肉紧紧相连，不容易脱落，“乌榄”核大而果肉容易脱落，过去孩子们吃完“乌榄”都会把“榄核”（见图 8–10）留着，闲时拿出来玩一玩“□榄核”[kak²nam¹³huk⁵]游戏。游戏以一定距离为限，在泥地里挖一个小坑，看谁能将“榄核”扔进坑里，扔得多者可赢得所有的“榄核”。“榄核”敲开以后有果仁，香脆味美，这大概也是为什么这么多人喜欢玩这一游戏的原因吧。如今物质极大丰富，想吃随时有，游戏也就少有人玩了。

伐步 [huaʔ²pou¹¹]

是一种步伐竞赛游戏，有捉人者和被捉者，二者都迈大步（迈步前可以奔跑助力），然后单脚站立，前者比后者少迈一步，被捉者身体任何部位让捉人者触碰便成为新的捉人者，如果被捉者没有站稳双脚着地，也得沦为新的捉人者。

骑⁼跤 [kʰia¹¹kau³³]

指摔跤。过去农村的孩子常玩，如今比较少见了。

图8－10 榄核

图8－11 伐步

二　娱乐

趴□斗 [pʰa³³leŋ⁴²tau⁵³]

指翻跟头。

徛沙□灯⁼ [kʰia¹¹sua³³me³³teŋ³³]

指拿顶。“沙□”[sua³³me³³]在揭阳话中指蜻蜓，“徛沙□灯⁼”[kʰia¹¹sua³³me³³teŋ³³]就是像蜻蜓一样以小小的支点撑起整个身体。

行棋 [kiã¹¹ki⁵⁵]

即下棋。

图8－12 趴□斗 [pʰa³³leŋ⁴²tau⁵³]

图8－13 徛沙□灯⁼ [kʰia¹¹sua³³me³³teŋ³³]

图8－14 博牌

博牌 [paʔ^{2}pai^{55}]

指打扑克牌，也称“拍扑克”[pʰaʔ^{4}pok^{4}kʰiok^{2}]，大人小孩都玩，有些具有赌博性质，因此以“博”称之。

图8－15 烧窑

烧窑 [sio^{33}io^{55}]

一种烧烤活动。多在秋冬挖完木薯以后进行，利用被翻起的土块垒一个封闭的小灶，拿柴火在小灶里烧，直到土块变得火红，挑去顶上的土块，放入地瓜、芋头或鸡蛋，再将炙热的土块敲碎，埋上周边不热的泥土，过半小时左右即可扒开泥土，享受香喷喷的烧烤美食。这一活动几乎存在于每个揭阳成年人的记忆中，如今农村中仍有进行，郊区的一些饭店很好地利用了这一点，特意用土窑制作鸡肉（用锡纸包着），称“窑鸡”[io^{11}koi^{33}]（见图 8–16）。

图8－16 窑鸡

图8－17 迫⁼树

图8－18 □涂 [mak⁴tʰou⁵⁵]

迫⁼树 [peʔ⁴tsʰiu¹¹]

指爬树。仍是农村小孩儿常玩的活动，城市的孩子则已经不具备培养这一能力的环境了。

□涂 [mak⁴tʰou⁵⁵]

即玩泥巴。除了在小溪流里玩泥沙外，还会将泥巴做成各种各样的形状，熟练的小朋友能做出像小炉子一样的东西，里边放点儿干牛粪作为燃料，能像炉灶一样把水烧热。

拍□ [pʰaʔ⁴pʰiaŋ⁵³]

用竹子做的玩具。将竹子截出一长一短两截，短的一截插上筷子，长的一截两头塞上所谓的“铳籽”[tsʰeŋ⁴²tsi⁵³]（子弹。即两粒朴籽树的树籽或者两团湿纸），用筷子从一头使劲捅到另一头，利用空气压力的原理，远的那头所塞的物品便会飞到远处。

□铁箍 [leŋ⁴²tʰiʔ⁴kʰou³³]

就是滚铁环。“铁箍”[tʰiʔ⁴kʰou³³]就是铁环，是箍紧木桶的重要工具。“□”[leŋ²¹³]是转的意思，孩童手里握的是一根“树薯枝”[tsʰiu¹¹tsɯ¹¹ki³³]（木薯的枝干），头上插着凹形的铁线，靠着这一小截铁线控制“铁箍”的平衡。“□铁箍”[leŋ⁴²tʰiʔ⁴kʰou³³]不只是男孩的游戏，农村中的女孩也经常玩，只是后来木桶基本消失，铁环无从寻找，活动也就渐无了。

鸟弓 [tsiau¹³keŋ³³]

指弹弓。多用木头的自然枝丫加上橡皮筋制作，如今也很少有人玩了。

唱歌 [tsʰiaŋ⁴²ko³³]

改革开放后流行起来的娱乐活动，活动场所多在城市的歌舞厅。

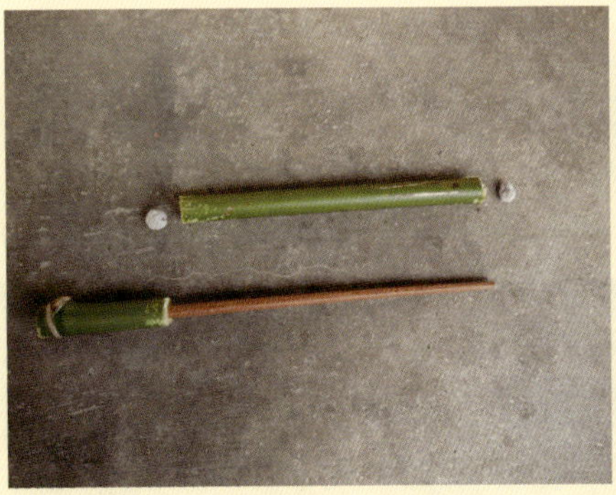

图8－19 拍□ [pʰaʔ⁴pʰiaŋ⁵³]（1）

图8－20 拍□ [pʰaʔ⁴pʰiaŋ⁵³]（2）

三　戏剧曲艺

揭阳地区重要的戏曲是潮剧，这一戏种从宋元南戏发展而来，在潮汕地区与当地方言结合形成独具特色的剧种。潮剧不但流行于潮汕地区，而且流行于有潮汕人和潮汕方言的区域，像港台和马来西亚等地。潮剧的从业人员很多，不但潮汕各地有自己的潮剧团，广东省在上世纪五十年代就已经成立了潮剧院，下设一团、二团、三团，演出了大批优秀的剧作。至于潮剧唱腔所用的方言，一直存在争议，有人认为是潮州方言，有人认为是揭阳方言，事实上应该说二者兼而有之，不妨认为潮剧在多年的传播中融合了潮汕地区各地的方言，已经很难说属于某一个具体的城市了。带戏服的演出揭阳人一般称为“做大戏”[tso^{42}tua^{11}hi^{213}]，多在正月游神时演出，日常所见更多的是潮剧爱好者的自发演唱。

“潮州音乐”[tio^{11}tsiu^{33}im^{33}gauk^{5}]声名远播，在揭阳地区同样流传，从某种程度上说，潮州音乐应该称为“潮汕音乐”[tio^{11}suã^{33}im^{33}gauk^{5}]才更恰切。潮州音乐于潮剧而言是配乐，于游神和婚丧等而言则是专门的乐队演奏。潮州音乐的代表是潮州大锣鼓，大鼓主奏兼指挥，唢呐领奏，配以锣、钹等敲打乐器和各种管弦乐器。上世纪五十年代，潮州大锣鼓还参加了莫斯科世界青年联欢节的演出并获金质奖章。

图8－21 潮剧

潮剧 [tio^{11}kiaʔ^{5}]

潮剧是揭阳人喜闻乐见的剧种，中老年人尤其喜欢，收音机、电视机、电脑乃

图8－22 搭棚

至手机都是潮剧的播放工具。每逢过年或游神，各地都会邀请潮剧团到当地演出，政府机构也会聘请潮剧团在市区表演。到各地演出的都是各县市自己组建的潮剧团，有些是真唱，有些是假唱（只对口型，音乐是预先录制的，演出费较低）。潮剧团演出食宿一般由聘请方负责，不过需要自己搭棚（见图 8–22），人们一见搭棚，便知道要“做大戏”[tso^{42}tua^{11}hi^{213}]了，晚上便会搬着椅子去“睇戏”[t^{h}õi^{13}hi^{213}]（看戏。见图 8–23）。过去潮剧的演出要比现在频繁，除了游神，祭祖乃至祝寿也有不少聘请潮剧团的，不少地方演戏成为惯例，于是神庙或宗祠前便有了固定的“戏台”[hi^{42}t^{h}ai^{55}]（见图 8–24）。如今戏台都荒废了，取而代之的是流动的“戏棚”[hi^{42}pẽ^{55}]。

过去电视节目较少，小孩都陪着大人们一起看潮剧，如今节目丰富，喜欢看潮剧的小孩和年轻人越来越少。

图8－23 睇戏

图8－24 戏台

图8－25 角

图8－26 唱潮剧

角 [kioʔ^{2}]

指潮剧中的各个角色，生、旦、净、末、丑都可以指代。

唱潮剧 [ts^{h}iaŋ^{42}tio^{11}kiaʔ^{5}]

随着人们休闲娱乐意识的增强，最近一二十年各地出现了潮剧乐社，在闲时聚集演唱，参加者多为退休职工、干部或者不太忙碌的个体经营者。据不完全统计，揭阳地区共有三百家大大小小的乐社，除了不穿戏服，大多数乐社的装备与潮剧团几乎是一样的。潮剧爱好者除了在休息的时间演唱外，还会受邀到老人院或者村社免费演出。

文爿 [buŋ^{11}pãi^{55}]

与潮剧相配合的是潮州音乐，有文有武，文以各类丝弦乐器奏出悠扬婉转的小曲，武以锣、鼓等敲打乐器传出慷慨激昂的声势，二者相谐，交相辉映，奏出一篇篇动人的华章。在潮剧的演出和乐社的演唱中，潮剧乐队分成两大阵营，管弦乐阵营称“文爿”，与敲打乐的“武爿”相对。

武爿 [bu^{13}pãi^{55}]

潮剧乐队的敲打乐部分。

图8－27 文爿

图8－28 武爿

牵弦 [k^{h}aŋ^{33}hĩ^{55}]

指拉奏二胡等弦乐，也称“锯弦”[kɯ^{42}hĩ^{55}]。牵弦在揭阳比较普及，并不只是文人雅客所为，就连搬运工人也有不少喜欢这一活动的。弦乐是潮州音乐的一部分，也可以独奏，大树下、公园里都经常可以看到“牵弦”的爱好者。

图8－29 牵弦

椰胡 [ia^{11}hu^{55}]

弦乐的一种，也称“奅弦”[p^{h}ã^{42}hĩ^{55}]，外形近似二胡，因以椰壳作为共鸣器而得名。椰胡是潮州音乐中的中音乐器，被称为潮乐的“灵魂”“甘草和百味”（参看蔡树航《潮州音乐》），在乐队中不可或缺。

敲琴 [k^{h}a^{42}k^{h}im^{55}]

指弹奏扬琴。扬琴也属于弦乐器，不过是用“琴批”[k^{h}im^{11}p^{h}oi^{33}]（用竹子做成）击弦，不在“牵弦”的范围之内，因此弹奏扬琴称为“敲琴”[k^{h}a^{42}k^{h}im^{55}]。

图8－30 椰胡（左二）

图8－31 敲琴

嗌哟呔 [puŋ^{11}ti^{33}ta^{55}]

指吹唢呐。“哟呔”也是乐队中的重要乐器，常领奏活泼、跳跃的乐曲，一支乐队往往多支齐奏。

吹笛□箫 [ts^{h}ue^{33}tek^{5}puŋ^{11}siau^{33}]

指吹笛子和箫，横为笛，竖为箫。乐队中也是多支齐奏。

图8－32 嗌哟呔

图8－33 吹笛

胡哨橱 [ha^{11}ti^{33}tu^{55}]

又称“号头”[ho^{11}t^{h}au^{55}]，是一种铜质三节管喇叭，有 1 米来长，可以伸缩，在潮剧配乐中常用于征战、厮杀、逃难等紧张的场面，其他场合的潮州大锣鼓不出现这一乐器。

拍鼓 [p^{h}aʔ^{4}kou^{53}]

鼓是潮州音乐的重要乐器，大小尺寸都有（见图 8–35），最大的鼓需要由两个壮汉来抬。大鼓（见图 8–36）在乐队中起着指挥和主奏的作用，是潮州大锣鼓的主要乐器。

图8 - 35 鼓

图8 - 36 大鼓

图8 - 34 胡哨橱

敲锣 [k^{h}a^{42}lo^{55}]

锣与鼓并称，同样也是潮州音乐的重要乐器。锣和鼓一样有大小不同的尺寸，小的“月锣”[gue^{2}lo^{55}]（又称“狗囝锣”[kau^{13}kiã^{13}lo^{55}]）直径只有 10 厘米。

大的如“深波”[ts^{h}im^{33}po^{33}]，是潮汕地区特有的一种大锣，铜质，重达一二十斤，直径 60~80 厘米，声音低沉、浑厚、深远，能配合各类乐器，每个乐队只配一个，在潮州音乐中是不可或缺的乐器。

图8 - 37 敲锣

图8 - 38 深波

拍镲 [pʰaʔ^{4}tsʰã^{35}]

拍镲就是击钹。“镲”指钹（见图 8–39），铜质，有大小不同的尺寸。

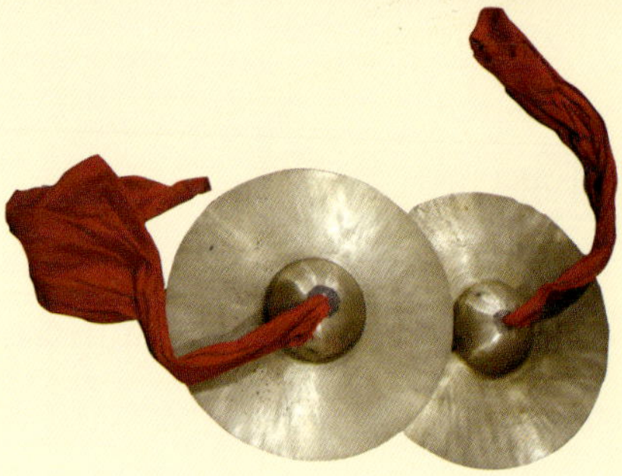

图8－39 镲

做四句 [tso^{42}si^{42}ku^{213}]

“四句”[si^{42}ku^{213}]是类似于诗句的话语，在婚嫁、丧葬、祭祀、进宅等场合都有使用，内容多是表达祝愿的吉祥话语（丧礼、葬礼的“四句”也多是祈愿子孙兴旺发达）。“四句”大部分是四句的形式，但不全如此，像治丧时钉棺材钉时的“四句”就是每钉一颗钉子说一句。揭阳地区的老年人多数会“做四句”，没有专门的人教学，只是代代相传，耳濡目染就都会了，连不识字的老太太都能说上几句。不过，如今的年轻人会的不多了。

嫁娶场合也有一些增添气氛的嘲笑性质的“四句”，如：

伴娘姆腰□ □ [pʰuã^{11}niõ^{11}m^{53}io^{33}hau^{33}hau^{33}]（伴娘驼背的样子），

亲像鸭母味$^{=}$屎沟[tsʰeŋ^{33}tsʰiõ^{11}aʔ^{4}bo^{53}bi^{11}sai^{13}kau^{33}]（就像母鸭在屎沟里游），

伴娘姆腰□ □ [pʰuã^{11}niõ^{11}m^{53}io^{33}kʰip^{2}kʰip^{5}]（伴娘驼背的样子），

新娘爱出哩□倒入[seŋ^{33}niõ^{55}ãi^{42}tsʰuk^{2}li^{33}tui^{13}to^{42}ʥip^{5}]（新娘要出去她拽回来）。

又如：

新娘雅多$^{=}$雅[seŋ^{33}niõ^{55}ŋia^{53}to^{33}ŋia^{53}]（称赞新娘漂亮），

地豆炒沙团[ti^{11}tau^{11}tsʰa^{13}sua^{33}kiã^{53}]（将花生放在沙子里炒），

炒唔赴我食[tsʰa^{13}m^{11}hu^{42}ua^{13}tsiaʔ^{5}]（炒得太慢我想吃了吃不上），

敲掉汝个乌屎鼎[kʰa^{42}tiau^{11}nɯ^{13}ka^{11}ou^{33}sai^{13}tiã]（敲碎你家的破锅）。

歌团 [kua^{33}kiã^{53}]

在乡间流传的民间歌谣，与闽南其他地区相类似，叙说、演唱者多为妇女儿童。记录“歌团”的脚本称为“歌册”[kua^{33}tsʰeʔ^{2}]或“歌团册”[kua^{33}kiã^{13}tsʰeʔ^{2}]（见图 8–40），揭阳民间仅有少量的“歌册”留存。“歌团”更多地保存在人群中，由妇女儿童口口相传（见图 8–41），也正因为如此，同一内容的“歌团”用词常常有所不同。演唱“歌团”称为“唱歌”[tsʰio^{42}kua^{33}]，与在歌舞厅进行的“唱歌”[tsʰiaŋ^{42}ko^{33}]读音有别。

歌团《挨砻》：

挨砻[oi^{33}laŋ^{55}]（转动砻），□沪$^{=}$[hi^{11}hu^{35}]（模拟转动的声音），舂米[tseŋ^{33}bi^{53}]，□臼[kʰok^{2}kʰu^{35}]（敲打臼），煮饭[tsɯ^{13}pɯŋ^{11}]，担沙[tã^{33}sua^{33}]（挑沙子），去阿舅

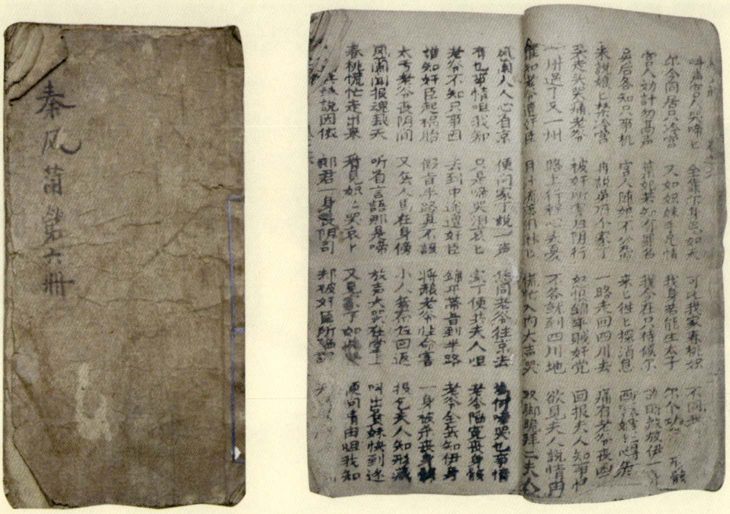

图8－40 歌册

[k^{h}ɯ^{42}a^{33}ku^{35}]（去舅舅家）。

歌团《阿弟有姾[bou^{53}]（老婆）阿兄无》:

天顶蜀只（一只）飞海鹅[t^{h}ĩ^{33}teŋ^{53}tsek^{2}tsiaʔ^{4}pue^{33}hai^{13}go^{55}]，

阿弟有姾阿兄无 [a^{33}ti^{35}u^{11}bou^{53}a^{33}hiõ^{33}bo^{55}]。

阿弟生团（生子）叫大伯[a^{33}ti^{35}sẽ^{33}kiã^{53}kio^{42}tua^{11}peʔ^{2}]，

大伯听了无奈何[tua^{11}peʔ^{2}t^{h}iã^{33}liau^{53}bo^{11}nai^{11}ho^{55}]，

收衫裤过暹罗（泰国）[siu^{33}sã^{33}k^{h}ou^{213}kue^{42}siam^{11}lo^{55}]。

暹罗船还无开[siam^{11}lo^{11}tsuŋ^{55}ha^{13}bo^{11}k^{h}ui^{33}]，

死绝亲农（亲人）哩无来追[si^{13}tsoʔ^{2}ts^{h}eŋ^{33}naŋ^{55}li^{33}bo^{11}lai^{11}tsui^{33}]。

海水飘飘[hai^{13}tsui^{53}p^{h}iau^{33}p^{h}iau^{33}]，父母心枭（心肠硬）[pe^{11}bo^{53}sim^{33}hiau^{33}]，

老婆无娶[lau^{11}p^{h}ua^{55}bo^{11}ts^{h}ua^{11}]，此恨难消[ts^{h}ɯ^{13}heŋ^{35}naŋ^{11}siau^{33}]。

图8－41 口口相传

玖 · 宗教信仰

图9－1 宗教信仰

揭阳人和其他潮汕人民一样有着很深的宗教情结。这种情结表现为对祖先和宗族的崇拜，表现为对诸神和鬼魅的敬畏，同时也表现为对风水先生和巫医的敬重。潮汕人因此被冠以“迷信”之名，然无论外人是毁是誉，祭祖和祀神始终是潮汕人生活中最隆重的事情。

一　宗族崇拜

揭阳的村镇大多是同姓聚居，乡镇都由一个个的宗族组成，有不少地名还以“姓氏+厝”的形式出现，由于外来人口不多，这种局面一直维持至今。

宗族首先不忘自己的先祖所在，因此祠堂和姓氏灯笼都常有一些纪念先祖的文字，像“汾阳世家”“范阳流芳”“南昌府正堂”等。宗族还教导族人如何做人做事，因此便有了族谱中或祠堂墙上的各种家训。捐资修建祠堂、编修族谱是常有之事，而宗族捐资修路乃至修建所在地的学校也是屡见不鲜的。一些“过番”[$kue^{42}hua\eta^{33}$]的华侨离家多年仍不忘家乡的父老乡亲，总是想办法将辛苦钱寄回老家供宗族使用，这都是宗族观念的体现。宗族观念深入民心，每个人都心存宗族，宗族甚至在个人之上，因此，有一些政府无法解决的纠纷也都是宗族的“老大”出面解决。

祠堂是宗族活动的重要场所，几乎所有的宗族都有自己的祠堂。祠堂的装饰比一般的住宅要讲究得多，用富丽堂皇来形容一点儿都不为过，石雕、木雕、瓷塑等都在祠堂的建筑中完美地呈现。祠堂是祭祀祖先的重要场所，此外，登科、升官或侨归，都需在祠堂祭拜，告知先祖。而若族中出现“不肖子孙”，也需要在祠堂商议如何惩办。

图9－2 祭祖（1）

图9－3 祭祖（2）

图9－4 家神

祭祖 [tsi⁴²tsou⁵³]

祭祖是宗族的头等大事，规模有大小之分，有族祭、分支祭和家祭。族祭最大，也是狭义的“祭祖”[tsi⁴²tsou⁵³]，仪式在墓地（见图 9–2、9–3）或祠堂举行，时间一般在春分和秋分前后，此即“春秋两祭”[tsʰuŋ³³tsʰiu³³nõ¹¹tsi²¹³]。若在祠堂举行，首先从“龛”[kʰam³³]中请出“家神”[ke³³seŋ⁵⁵]（祖先灵位。见图 9–4），摆放在祠堂后厅的中间。由“家长”[ke³³tiõ⁵³]（族中辈分最高者）主持仪式，引领宗族所有分支按辈分高低先后参拜（过去只允许男性参加），仪式繁琐，供品丰盛乃至铺张。一些富有的宗族还会找专人摄像，制成光盘，发放到各家。有些宗族还请来潮剧团，在祭祖的前后日子里演出

图9－5 三跪九拜

潮剧，演给先人看，也演给在世的子孙后代看。揭阳人有不少源自福建，不少宗族都已寻得福建的先祖，每逢福建先祖所在有大型的祭祖活动，揭阳的分支也会派人参加。

比族祭规模小的是各支派的祭拜，俗称“拜祖公祖姆”[pai^{42}tsou^{13}koŋ^{33}tsou^{13}ma^{53}]。同族之人太多，一起祭祖增加难度，且族祭礼节繁琐，并不是所有的宗族都能操办。各支派的祭祖活动在分支的“祠堂”或“客厅”（小型祠堂）举行，祭拜的频率比较高，除夕、大年初一初二、正月十五、清明、端午、七月十五、八月十五、九月初九、冬至等都是拜祭的日子。礼节相对简单，但是“三跪九拜”[sã^{33}kui^{35}kau^{13}pai^{213}]（三次下跪，每次拜三下）是少不了的（见图9–5）。祭品相对丰富，需要有各种“粿”和“三牲”（见图9–6），春节的祭拜还要有鞭炮，多数人家都用“箩”或“篮”等挑着祭品去祭拜（见图9–7）。

图9－6 三牲

图9－7 挑祭品

祠堂祭拜同时也是议事及族人联络感情的途径，族中主事的“老大”会在祭拜的间隙将近期的大事跟族人商量（见图

图9－8 议事

图9－9 认相八

图9－10 拜老公老姆

9–8），各家新娶的媳妇也都会参加祭祀活动，以此和族人“认相八”[ȡeŋ^{11}sio^{33}pak^{2}]（认识认识。见图 9–9）。

家祭俗称“拜老公老姆”[pai^{42}lau^{11}koŋ^{33}lau^{11}ma^{53}]（见图 9–10），指在家里拜祭先祖，这里的先祖是指在世的最长一辈人的父母或祖父母。“老公”[lau^{11}koŋ^{33}]、“老姆”[lau^{11}ma^{53}]从日常的称谓来说指曾祖父和曾祖母。家祭更是频繁，分支祭同时会进行家祭，在祠堂祭拜过的祭品也可以在家里再祭拜，反之则不然。此外，去世先人的生日或忌日也可以举行家祭，家里儿孙出远门或从外地归来，都可能进行拜祭。

图9－11 祖纸（1）

图9－12 祖纸（2）

祖纸 [kue^{42}tsua^{53}]

专门烧给祖先的纸钱，与烧给神明的“大金”[tua^{11}kim^{33}]（见图 9–13）、“福钱”[hok^{4}tsĩ^{55}]（见图 9–14）等是有区别的，二者决不能混淆，不过二者所用的指燃烧意义的动词却是一样的，都用“献”[hiaŋ^{213}]，祭祀的最后一个环节便是“献纸”[hiaŋ^{42}tsua^{53}]（见图 9–15）。除了燃烧传统的祖纸，最近一些年还流行烧纸房子、纸电视、纸黄金、纸首饰、假纸币等，总之，人间有的东西都能做成冥纸敬奉给先人。

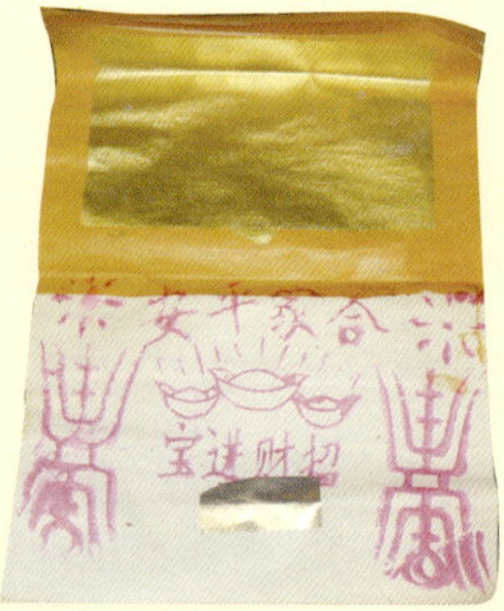

图9－13 大金

图9－14 福钱

图9－15 献纸

大铳 [tua¹¹tsʰeŋ²¹³]

一种威力巨大的鞭炮，响声如雷，常作为春节和元宵的祭祖供品。“大铳”也常常作为集合的信号，治丧和游神活动需要集中人力时便鸣三枚“大铳”，人们便从村落的各处集中到活动地点。此外，治丧和游神队伍也常以“大铳”开道。“大铳”火力很猛，每年都有人因来不及扔出被炸伤甚至炸断手，不过，其使用量并未因此而有所减少。

图9－16 大铳

行孝 [kiã¹¹hau²¹³]

指孝顺。揭阳人的宗族观念表现为尊老和敬老，老人在族中是受尊敬的，子女若是不孝，将会受到族人的谴责，相反，孝顺之人在族中会得到好评。家中老人生病，子孙榻前伺候是常情，女儿回家探望也常有，而“新妇”[seŋ³³pu³⁵]（儿媳妇）也会无怨无悔地包揽每天的吃喝拉撒洗。外出谋生的人回乡，总会给家中乃至族中老人带点儿礼物，带点适合老人吃的东西或者给老人（不只是自家的老人）一些钱。多数老人都会接受，并不以此为耻，反而认为给钱者在外勤劳致富，接受是一种尊重。婚嫁的聘礼中还有专门“等老农”[taŋ¹³lau¹¹naŋ⁵⁵]（敬老人）的“软糕”[nuŋ¹³ko³³]。揭阳话把“子女”称为“团弟”[kiã¹³ti³⁵]，“团”[kiã⁵³]指儿女，而“弟”[ti³⁵]指弟弟，说明传统“（长）兄为父”的观念植根其中，兄弟之间团结友爱自是不必言说的。兄弟中一人有难，各家支援的现象是很普遍的。有些庙里会悬挂二十四孝图，有些祠堂甚至还在门外建造石质的二十四孝图（见图 9–17、9–18）。所有这些，都是揭阳人以孝为美、不忘孝悌的表现。

图9－17 二十四孝图（1）

图9－18 二十四孝图（2）

过番 [kue^{42}huaŋ^{33}]

指到南洋谋生。潮汕地区是著名的侨乡，自元朝开始便有人往南洋谋生，清末至民国期间人数最多，几乎家家户户都有一两个人“过番”。潮汕人下南洋乃生活所迫，因潮汕地少人多，而东南亚等地就业机会多，因此很多人不惜背井离乡，乘坐“红头船”[aŋ^{11}t^{h}au^{11}tsuŋ^{55}]下南洋。海上风浪无法预测，因此有些人未到南洋便葬身大海，剩下的人多数留在了异国他乡，重建自己的潮汕家园，只有少数人最后落叶归根。宗族观念深深印在“过番”人的心里，他们挣了钱总是想办法寄回家建祠修路、资助家人和族人。即使后来成为“番客”[huaŋ^{33}k^{h}eʔ^{2}]（华侨），也总是念念不忘家乡的父老乡亲和家乡的建设。如今潮汕和东南亚有着频繁的往来，这和“过番”文化所带来的影响是分不开的。

侨批 [k^{h}iau^{11}p^{h}oi^{33}]

有了数量众多的海外潮汕人，便有了联系彼此的“侨批”。“侨批”又称“番批”[huaŋ^{33}p^{h}oi^{33}]，是集汇款、汇物和家书于一体的特殊邮件。揭阳过去有魏启峰批局，1879 年始创，专门为海外的揭阳人办理各种侨批业务。

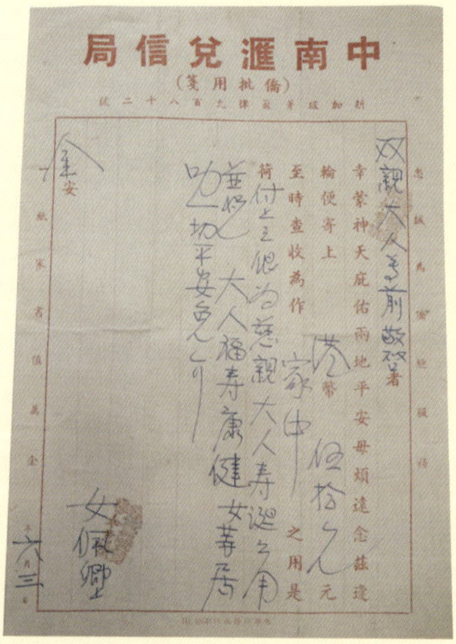

图9－19 侨批

堂匾 [t^{h}aŋ^{11}piaŋ^{53}]

堂匾位于祠堂后厅中央的上方，是宗族群体为祠堂所起的雅号。

图9－20 堂匾

图9－21 龛

图9－22 龛门（局部）

龛 [k^ham^{33}]

祠堂中摆放“家神”[$ke^{33}se\eta^{55}$]的地方，过去很常见，宗族小分支的“客厅”甚至大户人家的厅里都会摆放，后来在破四旧的时候破坏了很多，现在只有祠堂才会安放。龛门的做工非常精美，极尽天工，上半部一般是镂空的漆金雕花，下半部则是推光漆的漆画（见图 9–22）。

大几 [$tua^{11}ki^{53}$]

龛前摆放香案的案几，比一般的桌子要高，也较长，是祠堂中常见的器具。

图9－23 大几

图9－24 风水（无碑文）

图9－25 土神

风水 [huaŋ^{33}tsui^{53}]

揭阳话中的“风水”指坟墓，一座坟墓称为“蜀穴风水”[tsek^{2}huak^{2}huaŋ^{33}tsui^{53}]，普通话中的风水揭阳话多用“地理”[ti^{11}li^{53}]来称说。此外，“坟”[p^{h}uŋ^{55}]也可以指坟墓，但用得比较少，只在说某种东西很难找的时候说“去坟块□”[k^{h}ɯ^{42}p^{h}uŋ^{55}ko^{42}ts^{h}ue^{11}]（意为“去坟墓也找不着”）。在揭阳人的心中，最重要的风水就是祖先坟墓的地脉、山水的方向，人们相信这些影响着后代子孙的兴衰成败。先人去世时，选定“风水”的位置至关重要，都是请有经验的地理先生挑选。不过，坟墓的位置、棺木的方位等不能兼顾各房兄弟，传统认为总是有好有孬，因此，“风水”的修建也经常带来兄弟之间的争吵和不和。碑文书写与否同样也有不能均衡各房的说法，因此，有些“风水”只有碑没有文，成了无字碑（见 9–24）。对于祖先的“风水”，揭阳人都是很重视的，有些早期先祖的“风水”离后代定居地很远，但由于被认定是宝地，人们便宁肯不远千里去扫墓，也不愿将其迁至较近的地方。

每一穴“风水”旁边都有一个“土神”碑（见图 9–25），其修建样式跟“风水”一致，土坟为土堆，有碑铭则都有，反之亦然。人们认为“土神”能保护先人，葬礼的一个重要环节就是“谢土神”，每次坟前祭拜先人，“土神”也都一起接受祭拜。

族谱 [tsok^{2}p^{h}ou^{53}]

除了祭祖和“风水”外，宗族的另外两件大事就是编修族谱、修建祠堂。揭阳各姓氏多有自己的族谱，过去是油印本，近年很多编修新的族谱，都是图文并茂，做得尽善尽美。族谱由族人出资编修，少则上万，多则上百万，成品就是简本和精装本的差别。除叙述古今世系外，族谱还记录家族来源、变迁、家训、名人典故、历代和现代贤人等。捐资者的照片都会收入族谱，这更让人们乐意为之。很多“家神”在“破四旧”运动中被毁，因此族谱成了宗族信息最重要的载体，编修和补充便成了宗族的重要使命。过去的族谱都只收男不收女，新修的族谱有些也收入女子的信息。

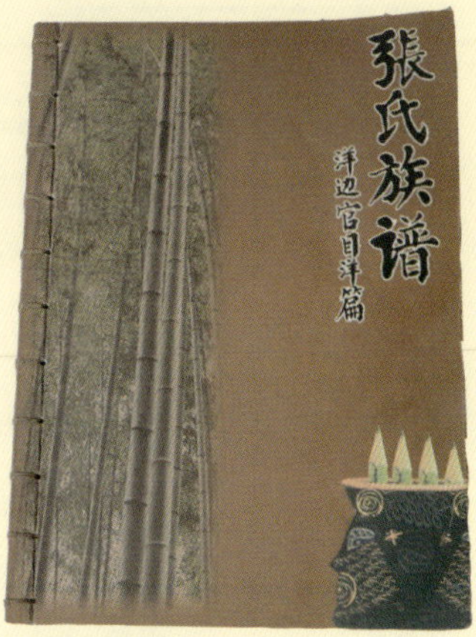

图9－26 族谱

辈序 [pue^{42}su^{35}]

辈序是宗族辈分的代表，全国范围都仍有不少以辈序起名的做法，揭阳地区也是如此。由于辈序多以诗句书写（如：集延玉德学长仕，朝端忠孝古今存，拔贤同政人才盛，亿世功名显业尊），有些字不好起名，也有人觉得这些字太土，因此，名字中体现辈序的现象逐渐减少了。但是，每个人（男性）所属的辈序自己都会记得，前后的几个辈序也都知晓，同村往往也同宗，记住自己的辈分很有必要，否则称谓弄错会被责怪的。

家训 [ke^{33}huŋ^{213}]

各宗多有自己的家训，或收于族谱，或刻于祠堂，多是告诫子孙做人做事的原则和态度。

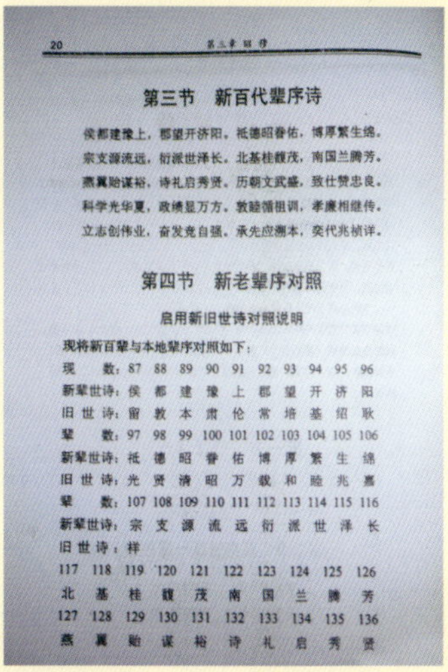

20 第三章 昭 穆

第三节 新百代辈序诗

侯都建豫上，郡望开济阳。祗德昭眷佑，博厚繁生绵。
宗支源流远，衍派世泽长。北基桂馥茂，南国兰腾芳。
燕翼贻谋裕，诗礼启秀贤。历朝文武盛，致仕赞忠良。
科学光华夏，政绩显万方。敦睦循祖训，孝廉相继传。
立志创伟业，奋发竞自强。承先应溯本，奕代兆祯详。

第四节 新老辈序对照

启用新旧世诗对照说明

现将新百辈与本地辈序对照如下：

现　数：	87	88	89	90	91	92	93	94	95	96
新辈世诗：	侯	都	建	豫	上	郡	望	开	济	阳
旧 世 诗：	留	教	本	肃	伦	常	培	基	绍	耿
辈　数：	97	98	99	100	101	102	103	104	105	106
新辈世诗：	祗	德	昭	眷	佑	博	厚	繁	生	绵
旧 世 诗：	光	贤	清	昭	万	载	和	睦	兆	嘉
辈　数：	107	108	109	110	111	112	113	114	115	116
新辈世诗：	宗	支	源	流	远	衍	派	世	泽	长
旧 世 诗：	祥									

117	118	119	120	121	122	123	124	125	126
北	基	桂	馥	茂	南	国	兰	腾	芳
127	128	129	130	131	132	133	134	135	136
燕	翼	贻	谋	裕	诗	礼	启	秀	贤

图9－27 辈序

图9－28 家训

添丁 [tʰiam^{33}teŋ^{33}]

人丁兴旺历来是国人所喜欢的，揭阳地区更是如此。从出生开始就男女有别，添丁者（生男孩的）第 12 日须“煠丸”[saʔ^{2}ĩ^{55}]敬奉房内亲属，次年游神活动得子之家得去“扛老爷”[kɯŋ^{33}lau^{11}ia^{55}]（抬神像），成人礼时要做“大椈粿”，老了也只有男性可以当“老大”，过去大型的祭祖（狭义的）活动时也只有男性可以参加。揭阳不少地区正月里还有“摆丁酒”[pai^{13}teŋ^{33}tsiu^{53}]活动，宴请亲朋戚友，祭拜神明，答谢神恩。重视“丁”的另一个侧面就是重男轻女，揭阳地区人口稠密，跟这一文化有很重要的关系，有很多外地人都说不能嫁给潮汕人，因为潮汕人的传统观念认为家族必须有男丁，否则就得一直生。揭阳的家庭大多是男主外女主内，很多女人都是全职太太，相夫教子干好家务就行了，正因为如此，老一辈揭阳人中，女子的文化水平相对要低很多。随着社会的发展，重男轻女之风有所改善。

扛老爷 [kɯŋ^{33}lau^{11}ia^{55}]

“老爷”是神明的泛称，“扛老爷”[kɯŋ^{33}lau^{11}ia^{55}]（见图 9–29）指在元宵前后的游神活动中抬神像。抬神像以及之前的“请老爷”[tsʰiã^{13}lau^{11}ia^{55}]（见图 9–30）参加者都只能是男性，有些地方抬神像的男青年是前一年新婚或生男丁者。“老爷”神像有很多，一般通过“□阄”[kʰioʔ^{4}kʰau^{33}]（抽签。见图 9–31）或者“博杯”[puaʔ^{2}pue^{33}]（掷杯珓）来决定谁抬哪一座，大的神像四个人抬，小的两个人抬，新近不少地方改用车推。除了抬神像，有一些人会被分配“扛香炉”[kɯŋ^{33}hiõ^{33}lou^{55}]（抬香炉），游神时插香人络绎不绝，抬者总被熏得睁不开眼，但是，人们都乐意祀奉神明，也就不以此为苦了。近年由于不少人在外地谋生，游神活动未必能赶回去，因此出现了代为“扛老爷”[kɯŋ^{33}lau^{11}ia^{55}]的现象，代抬者多是自己较近的亲属，像堂兄堂弟等，人们认为代抬会带来好运。

图9－29 扛老爷

图9－30 请老爷

图9－31 □阄[$k^hio?^4k^hau^{33}$]

图9－32 老大

老大 [$lau^{11}tua^{11}$]

指宗族中60岁以上且有男孙的人，荣升“老大”的人就可以穿“长衫”。“老大”在宗族中类似于企业中的董事会，对宗族的各项事情具有决策权，包括管理族人所捐的公款（用于宗族各项建设），管理祠堂的公物，帮助治丧，处理乡村纠纷等。有时族中子弟之间或族人与外族人打架斗殴引起冲突，都需要由“老大”出面协商，以避免个人继续寻仇。送葬和游神的活动中，“老大”的队列是必不可少的（见9–32）。在众多的“老大”中，会有一个带头的“老大”（见9–33），由众“老大”推选而来，都是族中有名望的。带头的“老大”要主持各项活动，包括祭祖、游神、治丧乃至婚嫁等。“老大”是没有工资的义务之职，顶多在具体的某些活动中能分一包半包烟而已，“老大”们不

图9－33 带头的“老大”

但对此没有异议，而且以此为荣。他们认为宗族之事义不容辞，每个人都很认真负责。“老大”在宗族中的领导地位是族人所公认的，因此村委会遇事也会先争取“老大”们的支持，这样有助于更好地开展工作。

捐银 [kiaŋ^{33}ŋeŋ^{55}]

指捐款。说揭阳人乐善好捐一点儿都不为过，揭阳地区的各宗族的祠堂都是由族人捐资建造的，祠堂多数富丽堂皇，所花费的数目是巨大的，各家只要能拿出来，没有不慷慨解囊的。揭阳的村道有不少都是宗族集资修建，其中一部分由当地的族人摊派，更大的部分由在外的族人捐献。修建道路时族中健壮者必须参加修筑，以减少人工的费用，同时建筑的质量也有保证。如今揭阳地区的农村中，水泥路都贯穿其中，泥路已经很少见到，这与各宗族的努力是分不开的。村中的“老爷宫”也由族人捐资修建，包括正月里的游神活动，开销都得族人“捐银”才能解决，因此芳名榜几乎随处可见（见图9–34）。人们在这方面的付出都比较慷慨，因此，村落中的“老爷宫”和祠堂一样能及时得到修缮，游神活动更是一年比一年红火。

图9－34 芳名榜

二　诸神崇拜

揭阳人的诸神信仰不是单一的信仰，而应该称之为综合的多神信仰。除了佛、道两派的神明外，天神、水神、山神、土地神等都位列其中，一些对人民有贡献的历史人物也入庙受供。所有的这些，共同构成了揭阳人信仰的整体，神明统称“老爷”[lau^{11}ia^{55}]，以此与基督教相区别。揭阳“老爷”多种多样，不可尽数，不过各家各派的神明都有自己的“宫”[keŋ^{33}]，在正月的游神活动中，村里所祀奉的神明会被请出“宫”，在专门搭建的“神厂”[seŋ^{11}ts^{h}iaŋ^{53}]里共同接受信众的供奉。

祀神的日子似乎比祭祖更多，最集中的是正月里的“营老爷”[iã^{11}lau^{11}ia^{55}]活动。平时的祀神活动持续不断，除了时年八节，信众们逢初一、十五也到“老爷宫”跪拜，城市里受条件所限，人们便自觉到城隍庙参拜。诸神的诞辰日是比初一、十五更重要的祀神日子，仪式会更隆重一些。婚育丧嫁活动中，也少不了祭拜请神的仪式。其他的祀神活动就得视各家的情况而定，比如新婚、添丁乃至高考高中，也会到各路神明前焚香跪拜，叩谢神恩。烧给神明的纸钱和给祖宗的是分开的，形式更为多样，除上文提到的“大金”和“福钱”外，近年来还出现了各式各样立体的“纸钱”（见图9–35、9–36），有

图9－35 立体纸钱（1）

图9－36 立体纸钱（2）

中秋专用的圆形的“供”[koŋ^{213}]，还有正月里“拜老爷”常用的寓意“生发”的“竹笋”[tek^{4}suŋ^{53}]，另外还有龙、凤和其他一些吉祥动物的形象。总之，随着人民生活水平的提高，供品丰富精美了，相应的纸钱也多样多彩了。

对鬼神的崇敬表现在遇事喜欢求神问卜，生病的人也常常会从这一方面找原因，认为是鬼魅作祟，即使在医学发达的今天，多数的老年人还是信医更信巫，甚至信巫不信医。

揭阳人对五行风水以及命理等有着深厚的情愫，遇着人生大事，也总得找算命先生指点迷津，阳宅和阴宅都需要由地理先生指点坐向和方位，房屋的“厝角头”也都根据五行生克的原理修建。

营老爷 [iã^{11}lau^{11}ia^{55}]

也作“迎老爷”，用“营”取其“萦绕”之意，用“迎”则取其“迎接”之意。“营老爷”是正月里的盛大游神活动，几乎每个村落都会举行，多姓的村庄由各大姓轮流组织，各地日子不尽相同，但隆重程度比较接近，许多在外的揭阳人和外嫁的女子也会在这个时候回乡。游神活动需先从“老爷宫”中请出“老爷”，将其安放在“老爷轿”[lau^{11}ia^{11}kio^{11}]上（见图 9–38），由两个或四个男青年抬上在村里巡游。有的村庄是村里所供奉的“老爷”（其中“地头老爷”[ti^{11}t^{h}au^{11}lau^{11}ia^{55}]和“伯公”[peʔ^{4}koŋ^{33}]、“伯姆”[peʔ^{4}ma^{53}]是最常见的）都参加巡游，有的则是只巡游其中的一位，如“营妈祖”[iã^{11}ma^{13}tsou^{53}]、“营阿娘”[iã^{11}a^{33}niõ^{55}]。无论巡游什么神明，民众的虔诚之举就是希望家园、土地、族人等都能得到神明的护佑。

巡游队伍中有潮州大锣鼓、英歌，有展示标旗的男女青年，有穿“老大衫”

图9－37 营老爷

图9－38 老爷轿

的“老大”，有各式“彩旗”[tsʰai^{13}ki^{55}]（见图 9–39），有“公主”[koŋ^{33}tsu^{53}]“担花篮”[tã^{33}hue^{33}nã^{55}]（挑花篮。见图 9–40）、“太子”[tʰai^{42}tsɯ^{53}]“担□鳔⁼担”[tã^{33}pʰoŋ^{42}pʰio^{11}tã^{213}]（□鳔⁼[pʰoŋ^{42}pʰio^{35}]指鞭炮。见图 9–41）、各种戏剧人物（见图 9–42）和动物造型（见图 9–43），队伍最长的能绵延几公里。队伍的前方一般是举

图9－39 彩旗

图9－40 担花篮

图9－41 担□鳔⁼担[tã^{33}pʰoŋ^{42}pʰio^{11}tã^{213}]

姓氏灯笼（见图 9–44），讲究一些的村镇还会在队伍的最前方用“肃静、回避”的牌子开道（见图 9–45）。

图9－42 戏剧人物

图9－43 动物造型

图9－44 姓氏灯笼

图9－45 开道

图9－46 □滕园[$h\tilde{u}i^{33}ts^{h}a\eta^{11}h\eta^{55}$]

图9－47 插香

图9－48 跳火匏=

游神的队伍要穿过大街小巷，农村里的还要“□塍园”[hũi^{33}ts^{h}aŋ^{11}hŋ^{55}]（在田地里绕行。见图 9–46），当经过住宅时，人们要在每一个“香几”[hiõ^{33}ki^{53}]（一位神明一个香几）上插香（见图 9–47），以此表达自己的虔诚。

巡游队伍还得在夜里游行，这时人们会在家门口点上火堆，队伍必须跳过火堆才能向前，火往往烧得比人还高，队伍中多数人都迎难而上奋力“跳火匏=”[t^{h}iau^{42}hue^{13}pu^{55}]（跳火堆。见图 9–48）。有些村镇将这种需要跳火堆的游神活动称为“诵=老爷”[soŋ^{11}lau^{11}ia^{55}]。历年的游神活动中，在火堆中烧伤的人并不多，一般就是烧了衣服或者头发，据传还有小孩滚到火堆里，最后也没事，因此大家更是相信神明护佑之说了。

游神的终点便是信众祭拜的场所，“老爷”安坐在“神厂”[seŋ^{11}ts^{h}iaŋ^{53}]（见图 9–49），接受信众的跪拜。游神活动一般持续两三天，在这一段时间里，信众每天早晚都会来到神厂进香跪拜。

图9－49 神厂

图9－50 团盒

图9－51 整齐的茶、酒、饭、丸

正月游神的供品尤其丰盛。“神厂”最前方的供桌是宗族置办的公家供品，包括摆放着精美糖果和糕点的“团盒”[tʰuaŋ^{11}ap^{5}]（见图 9–50），整齐排列的“茶[te^{55}]、酒[tsiu^{53}]、饭[pɯŋ^{11}]、丸[ĩ^{55}]”（数量都是十二。见图 9–51）和斋菜，还有“红桃粿”[aŋ^{11}tʰo^{11}kue^{53}]、“大榭粿”[tua^{11}ou^{11}kue^{53}]和“糖狮”[tʰɯŋ^{11}sai^{33}]、“糖方”[tʰɯŋ^{11}paŋ^{33}]等。各家各户的供品丰富多样，有荤有素，三牲、粿品、大橘、各种糖果和纸镪，不一而足。

恭迎圣驾 [kioŋ^{33}ŋeŋ^{11}siã^{42}ke^{213}]

“老爷”在揭阳人心中具有崇高的地位，人们总以某种方式表达自己的虔诚。香便是供奉神佛的重要物品，游神活动中，人们都争先插香敬神以“恭迎圣驾”。随着工艺水平的提高，近年来出现了“大香”[tua^{11}hiõ^{33}]，由村里较富有的人置办，香比人高出许多，一个稍柔弱点儿的人都无法拿起（见图 9–53）。随着经济的发展，祭品越发丰盛，除了传统的三牲粿品、各式糖果、水果、数不清的纸镪和香烛之外，各家都拿出名烟、名酒、人参、鱼翅乃至各种精美玉石等作为供品（见图 9–54）。

图9－52 恭迎圣驾

图9－53 大香

图9－54 名贵供品

图9－55 大棚粿

大棚粿 [tua^{11}ou^{11}kue^{53}]

是隆重场合的供品，正月祭神自然不能缺少，除了公家置办，私人也多会制作。此外，祭祖和婚丧也都需要用到。这是一种不包馅儿的发酵粿品，因为直接将米浆放在“棚”[ou^{55}]（蒸粿品的器具）里蒸，比普通的“粿”要大得多，故称“大棚粿”。“粿”上往往根据场合需要写上“佛光普照”[huk^{2}kuaŋ^{33}p^{h}ou^{13}tsio^{213}]、“财丁兴旺”[ts^{h}ai^{11}teŋ^{33}heŋ^{33}uaŋ^{35}]、“百年好合”[peʔ^{4}nĩ^{11}ho^{13}haʔ^{5}]等字眼。

糖狮 [t^{h}ɯŋ^{11}sai^{33}]

用糖做成狮子的塑像，是只供奉给“老爷”[lau^{11}ia^{55}]的供品，一般只在正月的“拜老爷”[pai^{42}lau^{11}ia^{55}]活动中敬奉。尽管“糖狮”不如石狮厚重，但同样被认为能驱恶避邪，加上“糖”所代表的喜庆和美好的寓意以及制糖人的精美手工，“糖狮”在供品中是极引人注目的。过去“糖狮”并不是每家都会准备的祭品，一般由宗族购置一公一母两只，有的乡村在游神活动结束后将糖狮拍卖，价高者得。如今生活水平提高了，不但公家置办“糖狮”，很多家庭也都以“糖狮”作为自家的供品。仙桥一带过去还有“博糖狮”[puaʔ^{2}t^{h}ɯŋ^{11}sai^{33}]之俗，即在游神活动中对着“老爷”许愿，承诺将“糖狮”带回家，若愿望得以实现，明年将奉送若干只“糖狮”。

图9－56 糖狮

图9－57 糖方（1）

图9－58 糖方（2）

糖方 [$t^{h}ɯŋ^{11}paŋ^{33}$]

一种重要的祭品，也称“地豆方”[$ti^{11}tau^{11}paŋ^{33}$]或“豆方”[$tau^{11}paŋ^{33}$]，其实就是花生糖，因做成方块状而有此名。做的时候把麦芽糖、白糖加水熬化，趁热倒入去皮的“地豆”[$ti^{11}tau^{11}$]（花生），搅匀后立刻倒在案板上，再压成片状，最后再用刀切开。祭拜时往往把“地豆方”用报纸包起来，一包大概能包4~6片，外头贴上红纸，写上“财丁兴旺”“恭迎圣驾”等字样。潮汕地区有捐款修缮佛像、寺庙的习俗，公家祭拜后的“地豆方”常常作为捐款的回赠品送出。除方形外，花生糖还有切成条状的，称“地豆条”[$ti^{11}tau^{11}tiau^{55}$]，用于祭祀，更多地作为婚嫁喜糖的一种。

图9－59 甜粿（1）

甜粿 [$tiam^{11}kue^{53}$]

是各家正月祭神的重要供品，有些讲究的人家还不只准备一个，而是层叠若干个。“甜粿”不包馅儿，以“秫粞”[$tsuk^{2}ts^{h}oi^{213}$]（糯米面儿）为原料，需要蒸一天一夜以上才能蒸熟成形。祭拜过的“甜粿”可以直接热了吃，也可以切薄蘸上鸡蛋液在锅里煎。“粿”有大有小，“甜粿”是其中最大的，用大的蒸笼可蒸出十几斤重的“甜粿”。偌大的“甜粿”短期内无法吃完，所幸此品极耐储存，纵有霉变，用水洗干净后仍可食用，“甜粿”也因此成为重要的干粮。据一些老人回忆，以前漂洋过海去南洋，“甜粿”便是船上最主要的干粮。

图9－60 甜粿（2）

摆猪羊 [pai^{13}tɯ^{33}iõ^{55}]

揭东一些地区正月游神活动的同时在“神厂”前举行“摆猪羊”活动，以猪和羊作为祭品，所摆的猪和羊达几百头之多。过去这一活动具有竞赛性质（因此，一些地方称为“赛大猪”[sai^{42}tua^{11}tɯ^{33}]），自家养的猪，在这一日子里比赛谁家的大，场上所见，最大的能达五六百斤。活动中每头猪和羊的嘴里都要含上一个大橘，尾巴和脚上贴上红纸（或系上红绳）以图吉利。

图9－61 摆猪羊

擎标 [k^{h}ia^{11}pio^{33}]

指游神队伍中男女青年展示标旗。标旗一般称“标”[pio^{33}]，分为“文标”[buŋ^{11}pio^{33}]和“武标”[bu^{13}pio^{33}]。“文标”（见图 9–62）是长方形的，由 4 人或 2 人抬着；“武标”（见图 9–63）是用一根一头带兵器的竹竿（有的地方用一支新砍的竹子，大概五六米长，带着竹梢），旗子是三角形的，系在竹梢处，有些“武标”还在下方吊一彩篮，里面装着各类吉祥物品，像石榴、大橘、名烟名酒等。

图9－62 文标

图9－63 武标

图9－64 做大戏

图9－65 伴仙

做大戏 [tso^{42}tua^{11}hi^{213}]

指潮剧团到各地表演。正月游神活动时，很多村镇会邀请潮剧团到当地演出，演员们身着戏服“唱潮剧”[ts^{h}iaŋ^{42}tio^{11}kiaʔ^{5}]，这就是所谓的“做大戏”[tso^{42}tua^{11}hi^{213}]（请不起潮剧团的村镇只能用“纸影戏”[tsua^{13}iã^{13}hi^{213}]等取而代之）。游神时所请的潮剧团，戏棚必须搭在“神厂”的对面，按照当地的说法，戏首先是演给“老爷”[lau^{11}ia^{55}]看的。开演之前，生、旦等主角需要到“神厂”前行祭拜之礼，并将戏班的太子木偶（原型据说是唐太宗之子）放在神像旁陪“老爷”看戏，这一环节称为“伴仙”[puaŋ^{11}siaŋ^{33}]（见图 9–65）。过去富有的村落往往请几个戏班同时唱，名曰“斗戏”[tou^{42}hi^{213}]，如今多数只请一个戏班连续唱几天。

图9－66 老爷宫

老爷宫 [lau^{11}ia^{11}keŋ^{33}]

是各地供奉神明的小型建筑，每个乡村都有几个。“老爷宫”一般有三面封闭的墙，前面凹进，中间敞开，多不设铁门、木门。屋顶和住宅一样同为人字形，有屋脊和“厝角头”（墙头）。神像正对门口，但挂有垂帘，屋外是一个焚烧炉。一些较富有的乡村会将“老爷宫”建得比较华丽，屋顶是琉璃瓦，雕画上各种图案。逢年过节以及农历的初一、十五，虔诚的人们都会到各处“老爷宫”祭祀，佛祖和观音等供斋食，其他神明则没有这一讲究。潮汕地区信奉的神明多种多样，“老爷宫”因此星罗棋布，到处可见。

图9－67 天公（祭坛）

天公 [t^{h}ĩ^{33}koŋ^{33}]

“天公”在揭阳人信仰的诸神当中非常普遍，但没有具体的神像，只是在祠堂前面或者大榕树下设坛祭拜，初一、十五及逢年过节都是祭拜的日子。治丧时“成服”的第一个环节就是“拜天公”。

图9－68 大庙（1）

图9－69 大庙（2）

地头老爷 [ti^{11}t^{h}au^{11}lau^{11}ia^{55}]

就是“三山国王”[sã^{33}suã^{33}kok^{2}uaŋ^{55}]，属于山神信仰。“三山国王”隋唐已有文字记载，至今已有一千多年的历史，在潮汕地区影响巨大。当地更常用的称呼是“地头老爷”或“王爷”[uaŋ^{11}ia^{55}]，每个村落必有“地头老爷宫”，治丧活动的第一项“报地头”就是报告地头老爷。这一信仰普遍存在于海峡两岸闽方言区和梅州一带的客家方言区。“三山国王”祖庙在今揭西河婆，当地人称“大庙”[tua^{11}bio^{11}]（见图

图9－70 地头老爷

9–68、9–69），因旧属霖田都，因此也称霖田古庙。“三山”指揭西境内的“巾、明、独”三座山。

揭阳各地“王爷”的形象大致相近，都是大王爷连杰白脸，二王爷赵轩红脸，三王爷乔俊黑脸。脸色的不同据说与各人的职业有关，大王爷教书，二王爷杀猪，三王爷烧炭。也有说三王爷是因为当初火中救驾，脸被烧黑了，因此三王爷功劳最大，在霖田古庙中，正是“青面”[tsʰẽ^{33}meŋ^{11}]（黑脸）的三王爷居中。传说种种，早已无法查证了。

揭阳境内有些地方的“王爷”有夫人，夫人往往位于“王爷”身后，身形较低矮，难见全身。有些村落同时供奉三位“王爷”，而有的只供奉其中的一位或两位。

司命公 [sɯ^{33}meŋ^{11}koŋ^{33}]

“司命公”即灶神，家家户户都有，也是拜祭频繁的神明。有些家庭“司命公”有具体的画像，更多的只是在烟囱上或厨房的墙上插上“金花”[kim^{33}hue^{33}]示意。

伯公 [peʔ^{4}koŋ^{33}]

指土地神，也称“福德老爷”[hok^{4}tek^{4}lau^{11}ia^{55}]。伯公遍及揭阳每个村落，平时安坐“老爷宫”供世人祭拜，正月游神活动中

图9－71 司命公（1）

图9－72 司命公（2）

参加巡游。有些伯公庙同时供奉“伯姆”[peʔ^{4}ma^{53}]（土地神夫人），正月也一并出游（见图 9–74）。

佛祖 [huk^{2}tsou^{53}]

揭阳人普遍信仰的“佛祖”不是释迦牟尼佛，而是玄天上帝。其形象多是戴帽端坐，一手持剑（或印诀），跣足或脚踏龟蛇二兽（传说为其所收服），这一形象与闽台所供“佛祖”相同。揭东有些乡镇所供的“佛祖”还分为“大佛祖”[tua^{11}huk^{2}tsou^{53}]、“二佛祖”[ʥi^{11}huk^{2}tsou^{53}]、“三佛祖”[sã^{33}huk^{2}tsou^{53}]（见图 9–76、9–77、9–78），可见“佛祖”在人们心中的地位。

图9－73 伯公

图9－74 伯姆

图9－75 佛祖

图9－76 大佛祖

图9－77 二佛祖

图9－78 三佛祖

观音娘 [kuaŋ^{33}im^{33}niõ^{55}]

即女性化的观音形象，也称“阿娘”[a^{33}niõ^{55}]或“慈悲娘”[ts^{h}ɯ^{11}pui^{33}niõ^{55}]，多与求子联系在一起，因此其形象是手抱一子，与西方三圣中的观音菩萨相去甚远。

图9－79 观音娘（1）

图9－80 观音娘（2）

妈祖 [ma^{13}tsou^{53}]

属于海神，是海峡两岸以及东亚、东南亚地区共同信仰的神祇，揭阳沿海一带也信奉此神，有些地方正月里有专门的妈祖巡游祭拜活动（见图9–81），内陆地区多无这一神明。妈祖的原型据说是宋代莆田人林默娘。默娘天生聪颖好学、人智大勇且乐善好施，不但给当地人民治病，还常常在浩瀚的大海中救人于难，因此得到乡人乃至外地人的普遍赞誉。潮汕地区的妈祖信仰当从福建而来。

图9－81 游妈祖

城隍 [siã^{11}ŋ^{55}]

“老爷”中的一位，不过，其供奉地不称为“宫”[keŋ^{33}]而称为“庙”[bio^{11}]。揭阳榕城区、惠来县和普宁县都有“城隍庙”。榕城区的城隍庙（见图9–82）为三落式，始建于宋代，正殿供奉着伯府大人（见图9–83），后厅供奉着城隍夫人（见图9–84）。主座之外还有钟鼓楼，院内有精致的木雕和漆画，屋顶上的嵌瓷和泥塑同样精美，不是一般的住宅和祠堂可比。城隍是城市的保护神，市区里没有像农村中那样星罗棋布的“老

图9－82 揭阳城隍庙

图9－83 城隍

图9－84 城隍夫人

爷宫”，因此逢年过节乃至初一、十五，信众们都自觉到城隍庙祭拜。每年正月二十前后的吉日市区都有游城隍活动，夫人一同出游并且位列在前，据说因为城隍老爷是“招入”[tsio^{33}dʑip^{5}]（入赘）的，理应居后。

雷神 [lui^{11}seŋ^{55}]

揭阳市区建有雷神庙，康熙年间始建，除了供奉雷神，还供奉“风伯”[huaŋ^{33}peʔ^{2}]、“雨师”[hou^{11}sai^{33}]和“电母”[tiaŋ^{11}bo^{53}]。人们逢年过节进行祭拜，祈求风调雨顺。

财神 [tsʰai^{11}seŋ^{55}]

是揭阳地区普遍信仰的神明，主要有赵公明和关羽两种原型。赵公明多称“赵元帅”[tio^{11}ŋuaŋ^{11}sue^{213}]（见图 9–86），关羽多称“关爷”[kuaŋ^{33}ia^{55}]（见图 9–87）。部分店铺也设财神神位，日日供奉。

图9－85 雷神

图9－86 赵元帅

图9－87 关爷

图9－88 门神（1）

图9－89 门神（2）

门神 [muŋ^{11}seŋ^{55}]

多画在合院式住宅和祠堂的大门上，人物有很多，其中秦琼和尉迟恭（见图 9–88）是最常见的，如果只设单扇门，多是这两位；若是三扇门，则还会有魏征、房玄龄、徐勋和程咬金等。非合院式住宅的门神多是没有形象的，只是在门的左右两边插香示意（见图 9–89）。

公婆母 [koŋ^{33}p^{h}ua^{11}bo^{53}]

是儿童的保护神，又称“花公花姆”[hue^{33}koŋ^{33}hue^{33}ma^{53}]，揭阳地区多有信仰。市区城隍庙中供奉有公婆姆的神像，乡村民众不供奉神像，只是用一个专门的碗放上米插上香代替，祭拜之礼都在床上进行，因此也称床神。

关于“公婆母”来历的传说很多，较为人们接受的是惠来一带的说法：传说惠来有一妇人善于养育、调教孩子，后来有一太子天生体弱，出生后不停地啼哭，御医都无办法，皇帝便招募民间贤妇。妇人应征，果然将太子调理得很好。皇帝大悦，想给予奖赏，于是亲往探视，妇人正在屋里喂哺、护理，一下惊慌失措，躲到床底下，以致昏死过去。皇帝深感痛惜，册封她为儿童保护神。

图9－90 公婆母

图9－91 地主爷

图9－92 五谷娘

地主爷 [ti^{11}tsu^{13}ia^{55}]

是住宅、商铺等的守护神，据说能保佑家宅平安、事业兴旺，不少家庭和店铺都有供奉。

五谷娘 [ŋou^{11}kak^{4}niõ^{55}]

指五谷神，或称“五谷母”[ŋou^{11}kak^{4}bo^{53}]、“五谷爷”[ŋou^{11}kak^{4}ia^{55}]。每年农历六月十五（一些地方是十月十五）的清早，农村中的妇人便会准备好番薯、芋头和“粿”等拜祭五谷娘，以求风调雨顺、五谷丰登，如今乡村仍普遍祭拜。农村中祭拜的“五谷娘”不一定有具体的塑像，有塑像的为男性形象，文字书写为“神农”[seŋ^{11}loŋ^{55}]，但口头上除称呼“五谷爷”外，也称“五谷娘”“五谷母”。缘何如此称呼，已无从得知。

太子爷 [t^{h}ai^{42}tsɯ^{13}ia^{55}]

揭阳地区和潮汕其他地区一样供奉“太子爷”，不过“太子”的原型有不同的说法（形象也不尽相同），有人认为是哪吒三太子，有人认为是南宋末代皇帝赵昺。哪吒原型说与台湾和福建南部一致，赵昺原型说则是传说少帝南逃时曾在潮州待过一个多月（汕头南澳有太子楼、宋井等古迹），潮人感念其君臣之义、母子之情，故立庙祭祀。

图9－93 太子爷

图9－94 八卦爷

图9－95 石敢当

八卦爷 [poiʔ^{4}k^{h}ue^{42}ia^{55}]

没有具体的神像，只是一块石碑写着“南无阿弥陀佛”[nam^{11}mo^{11}a^{33}mi^{11}t^{h}o^{11}huk^{5}]，上方是一个八卦，多立在路口。根据林瀚、吴榕青的研究，这种石碑类似于泰山石敢当，八卦和“南无阿弥陀佛”是为了增强镇邪的法力。揭阳地区也有不少石敢当，有的冲着路口或河流，有的立于墙角或房舍拐角处，或单立或嵌于墙体中（见图 9–95），刻字或不刻字都有。

石狮爷 [tsioʔ^{2}sai^{33}ia^{55}]

揭阳人对狮子有独特的情感，人们认为狮子具有驱邪镇宅之力，因此豪宅外常置放石狮，门框上置小石狮，正月里“行头桥”也要摸摸桥头的石狮。石狮就像其他的神明一样得到人们的供养，被尊称为“石狮爷”。部分人家的屋顶上也立石狮，据说有镇风之用，因此被称为“风狮爷”[huaŋ^{33}sai^{33}ia^{55}]（见图 9–96）。

图9－96 风狮爷

老爷生 [lau^{11}ia^{11}sẽ^{33}]

指神明的生辰。信众于当日在相应的“老爷宫”举行祭拜仪式，较年节的祭拜活动隆重。

图9－97 钻$^{=}$金身

钻$^{=}$金身 [tsɯŋ^{42}kim^{33}seŋ^{33}]

指给偶像漆上金箔，变成“金身”。揭阳地区年年游神，持续时间都是几天，金粉过几年就陈旧脱落了，因此，村里的“老爷”多数几年就得“钻$^{=}$金身”，这些费用都由信众自发捐献。

图9－98 开光

开光 [k^{h}ai^{33}kuaŋ^{33}]

新请来的或者重塑金身的神像都得请法力高强的师父来开光。这些师父家里一般供着某一位神明，平时也做一些“落神”[lok^{2}seŋ^{55}]（与神明沟通）的工作。

博杯 [puaʔ^{2}pue^{33}]

指用杯珓进行占卜。揭阳人遇大点儿的事喜欢征求神明的意见，希望神明能给一些指示，如果事情是有选择性的，可以到“老爷宫”里“博杯”。“杯”[pue^{33}]就是两片月牙形的木板或竹板，一面是平的，另一面是圆的。信众在“老爷”前跪拜，手持“杯”，心里念着要问的事（也可以说出声来），然后将“杯”扔到地上。两块木板平的和圆的各一面朝上为“圣杯”[seŋ^{42}pue^{33}]（见图 9–99），表示所问之事可行；都是平的朝上为“笑杯”[ts^{h}io^{42}pue^{33}]（见图 9–100），表示“老爷”发笑，此事不可行；都是圆的一面朝上为“稳杯”[uŋ^{13}pue^{33}]（见图 9–101），表示事情稳定。

还有一些人会用签筒（见图 9–102）求签，通过签文的内容来预示所求事情的吉凶。

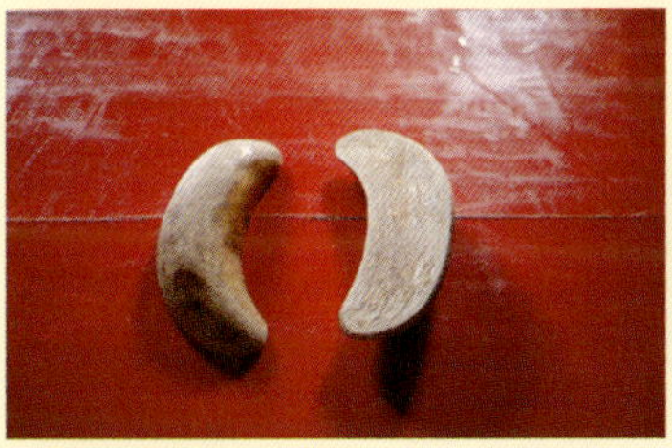

图9－99 圣杯

图9－100 笑杯

图9－101 稳杯

图9－102 签筒

问老爷 [mɯŋ¹¹lau¹¹ia⁵⁵]

有些事情不是选择性的或者事情比较危急，像家里有人无缘无故生了大病，这样的事情用“博杯”解决不了问题，于是要到“解落神”[oi¹¹loʔ²seŋ⁵⁵]（会落神。即能与神明沟通）的人那里“问老爷”，让“老爷”指示应该怎么解决问题。“老爷”给出的答案通常都是被什么鬼魅缠身了或者是得罪了什么神灵了，处理的办法多是到村头某处烧一些纸钱来消灾。这类巫医在农村中不在少数，至今仍兴盛不衰。“问老爷”的费用一般“在农补”[to¹¹naŋ¹¹pou⁵³]（随人给），富的多点儿，穷的少点儿，师父不会计较的。

符 [hu⁵⁵]

不少揭阳人相信符咒的力量，遇着不顺心的事会请“大师”指点，请一张符贴在家中。对有些生病的人，“大师”还会画一张符，烧成灰后和在水里让患者喝了。

仙草 [siaŋ³³tsʰau¹³]

仙草和石榴花是揭阳人常用的两种避邪物品，两者常常一起使用，像女子出嫁、进宅等场合都要用到。此外，仙草也常常单用来避邪，通常认为被鬼魅“抹着”[buaʔ²tioʔ²]（冲撞了）便要用仙草水来洗脸，或者经常出入丧葬场所，身上可以带几片仙草护身。平时用的仙草是干的，女人们一般在农历初一、十五的时候从“仙草”植株上剪下叶子晒干备用。

图9－103 符

图9－104 仙草

睇日 [t^{h}õi^{13}ʥek^{5}]

即挑选黄道吉日。揭阳人需要看日子的事情很多，婚嫁需要看日子，建房子、翻修房子、搬新房子需要看日子，修建“风水”（坟墓）需要看日子，给老人做“大生日”需要看日子，甚至探病也需要看日子。传统的历书有简单的宜忌信息，而人们更多地到圩镇上找“先生”[seŋ^{33}sẽ^{33}]给算。算命和择日等的店面在市集上有不少（见图9–105），费用也是“在农补”，一般二三十元一次。

图9－105 “睇日”店

相冲 [sio^{33}ts^{h}oŋ^{33}]

揭阳人很多事情进行的时间都由“睇日”的先生根据事主的八字和时日宜忌来定，除了确定日子，还会说明“相冲”的生肖，属这一生肖者不能参加相关的活动。例如，丧礼中的入殓时间都由算命先生事先确定，与这一时辰相冲的人不能参加入殓活动。“客厅”门口会提前将这一信息贴出来告诉乡亲（见图9–106），大家也都会相互转告、主动遵守。揭阳人对“相冲”是严格遵守的，据说有不遵守者曾遭遇了严重的后果。

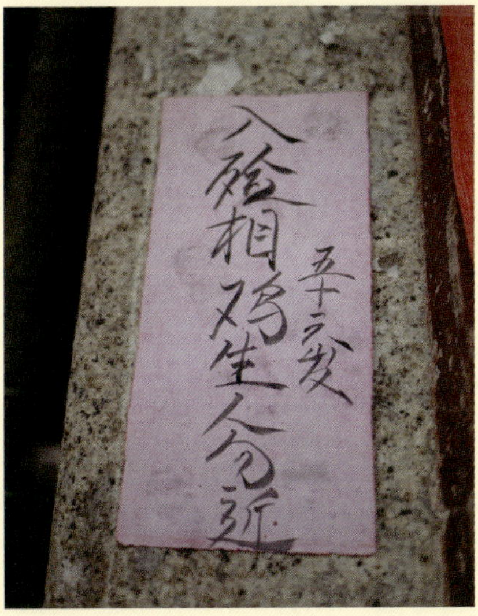

图9－106 相冲告示

地理先生 [ti^{11}li^{13}seŋ^{33}sẽ^{33}]

在揭阳地区，建房子、修坟墓都需要专门的“地理先生”指点，包括地点、坐向、门的朝向、水井的位置等。人们普遍相信，阳宅和祖先的阴宅都关系着现世人的贫贱祸福，因此都会花大本

图9－107 教堂

钱请知名的“地理先生”来指点迷津，希望能给自己带来好的风水。因此，以这一职业为生的人不在少数，有的收入非常可观，比一般的算命先生要高出好几倍。

诀术 [kuak^{4}suk^{5}]

是破解不如意之事的方法，在揭阳流传的有很多，其做法是进行一些与不如意之事相反的活动。像婚育丧葬一章所提到的，头胎生女孩，用陶罐装猪肚寓意换肠换肚，希望下胎生男孩；又如老人晚上去世，要由“老大”给儿子们分米，以解家产都被先人带走之结。

食教 [tsiaʔ^{2}ka^{213}]

即信奉基督教。基督教徒在揭阳大概有五万多，教堂（见图 9–107）有 84 所（数据来自揭阳基督教网站）。此外的揭阳人大多是“老爷”信仰，即信仰上文所述的各个神明。“老爷”信仰是佛道合一，或者说不仅仅是佛和道，因为像海神、雷神等很难归入哪一个教派。尽管这一信仰杂合了很多神明，却始终没有将基督教的上帝纳入“老爷”之列。基督教徒在传统的治丧活动中不跪拜，不披麻，有些父母和子女甚至因为这一点而发生龃龉。

〔揭阳方言音系〕

一　声韵调系统

揭阳境内的潮汕话在各县之间略有差异，其中揭东区与榕城区（两地同属老揭阳县）一致，普宁和惠来略有不同，本书词条所用读音以揭东和榕城区为准。发音人：卢东存，揭东桂岭镇人，记音时50岁；张建周，揭东新亨镇人，记音时60岁。

声母（18个，含零声母）：

p房布拜饭	p^h拍曝皮铺	b马无米味	m门挽面冥	
t点灯甜豆	t^h头拖柱土		n农娘篮卵	l笼掠犁箩
ts食杂砖做	ts^h唇饲出葱	ʣ尿日十字		s四烧送神
k粿糕咸嫁	k^h壳牵骹裤	g牙牛玉月	ŋ五元严午	h下虎巷瓦
Ø丸安芋印				

韵母（76个）：

	i池四米匙	u唇橱壶牛
a骹炒胬教	ia车瓦爷遮	ua拖大带箩
o刀帽无桃	io桥轿烧尿	
e牙架帕茶		ue粿花灰糜
ɯ猪鱼祠箸	iu手纽梳油	ui开柜对雷
ai狮楣拜菜		uai淮怪拐快
au楼头老草	iau柱条摇跳	
oi溪鸡犁鞋		
ou雨裤布兜		

	ĩ天丸扇耳	
ã三衫篮担	iã鼎团领厅	uã碗山盘盏
õ两~个	iõ墙梁帐掌	
ẽ井坪星青		uẽ关横
ãi间前千爿		uãi果梗茎
ãu好喜~		
õi睇底		
õu虎否		
	iũ休悠朽	ũi县匪毁
	im金音枕琴	
am淋南颔饮	iam点尖砧甜	uam犯范幻患
om□tom^{53}，孝子丧帽的一部分		
aŋ巷江空笼	iaŋ乾电厂剪	uaŋ装环团亡
oŋ中动公凤	ioŋ拱恭雄勇	uŋ春粪裙军
eŋ龙顶灯亭		ueŋ荣衡宏耿
ɯŋ门床糖缸		
ŋ秧园碗黄		
m姆唔		
	iʔ碟铁篾舌	uʔ□kuʔ^{2}，吸□uʔ^{2}酒~：酒窝
aʔ拍甲合鸭	iaʔ食锡屐掠	uaʔ钵割泼伐
oʔ落托膜作	ioʔ石惜药着	
eʔ格百白宅		ueʔ郭袜物刮
auʔ乐音~□kauʔ^{2}，卷	iauʔ雀□iauʔ^{4}~椅，坐具	
oiʔ八笠截节过~		
	ĩʔ□hĩʔ^{4}~鼻：擤鼻涕	
ẽʔ吓赫扼		
	ip入集辑立	
ap十塌汁杂	iap业帖粒劫	uap法
op□top^{5}，糊泥巴		
		uk佛掘出骨
ak角目踢壳	iak热略哲杰	uak发诀穴粤

ok镯族沐福	iok浴克畜育	
ek竹鹿肉日		uek或惑获

注：o、io实际音值为ɔ、iɔ，e、ue实际音值为ɛ、uɛ，õ、iõ实际音值为ɔ̃、iɔ̃，ẽ、uẽ实际音值为ɛ̃、uɛ̃，oʔ、ioʔ实际音值为ɔʔ、iɔʔ，eʔ、ueʔ实际音值为ɛʔ、uɛʔ。

声调（8个）:

阴平 33　　阳平 55

阴上 53　　阳上 35

阴去 213　　阳去 11

阴入 2　　阳入 5

二　连读变调

揭阳方言的变调为前字变调，变调后阳平、阳上和阳去合并。

	阴平	阳平	阴上	阳上	阴去	阳去	阴入	阳入
本调	33	55	53	35	213	11	2	5
变调	不变	11	13	11	42	不变	4	2

两字组连读举例如下：

	阴平 33	阳平 55	阴上 53	阳上 35	阴去 213	阳去 11	阴入 2	阳入 5
阴平 33	针车	花牙	天井	家后	衫裤	衫袋	庚帖	丧服
阳平 11	长衫	楼坪	藤椅	丸卵	梁架	塍岸	橱格	成服
阴上 13	米缸	枕头	椅团	团弟	起厝	卤味	馃钵	睇日
阳上 11	厚刀	伴娘	臼团	舅妗	二季	老大	五谷	两落
阴去 42	讣音	拜亭	菜馃	厝瓦	背带	种芋	拜七	进宅
阳去 11	豆干	巷门	面桶	换肚	大厝	地豆	豆辑	雾药
阴入 4	客厅	粟耙	竹椅	割釉	不孝	八字	拍粟	诀术
阳入 2	石狮	食甜	碟团	入殓	食教	石磨	食格	沐浴

〔参考文献〕

蔡海松. 潮汕民居. 广州：暨南大学出版社，2012.

蔡树航. 潮州音乐. 广州：广东人民出版社，2009.

陈晓东，适　庐. 潮汕文化精神. 广州：暨南大学出版社，2011.

侯精一. 平遥方言民俗语汇. 北京：语文出版社，1995.

林　瀚，吴榕青. 潮汕民间石敢当信仰之调查研究. 韩山师范学院学报，2010：31(5).

林伦伦. 新编潮州音字典. 汕头：汕头大学出版社，1997.

骆　伟，骆　廷. 岭南古代方志辑佚. 广州：广东人民出版社，2002.

普宁市民间文艺家协会. 普宁民俗礼仪. 北京：社会科学文献出版社，2011.

魏影秋，伊　琳. 潮汕姿娘. 广州：暨南大学出版社，2012.

伍云姬. 湘西瓦乡话风俗名物彩图典. 长沙：湖南师范大学出版社，2007.

许　慎. 说文解字. 北京：中华书局，1999.

叶春生，林伦伦. 潮汕民俗大典. 广州：广东人民出版社，2010.

张树芝. 雍正揭阳县志：8 卷. 北京：书目文献出版社，1991.

周硕勋. 乾隆潮州府志. 上海：上海书店出版社，2003.

〔索 引〕

1.索引分“词条索引”和“图片索引”两类。

2.“词条索引”按音序排列，首字《现代汉语词典》未收录的字，统一归入“其他”类。

3.“图片索引”按图号顺序排列。

4.词条或图片名称中如有方框，后面标出整个词的国际音标。

5.每条索引后面的数字为页码。

一 词条索引

其他

二　图片索引

引言

壹　房舍建筑

贰　日常用品

叁　服饰穿戴

肆　饮食起居

伍　农工百艺

陆　婚育丧葬

柒　岁时节令

捌　游戏娱乐

玖　宗教信仰

〔后 记〕

2010年底收到编写《揭阳方言民俗图典》的邀请，有点儿受宠若惊。一方面因为自己还只是个新人，另一方面，揭阳作为“中国方言民俗图典系列”的第一个闽语点，这不能不说是主编厚爱啊。

离开家乡二十余年了，借编著图典的机缘可以有大段大段的时间在家乡居住，借此深入了解揭阳，真正走近揭阳。曾经以为自己还比较了解揭阳，写完《揭阳方言民俗图典》初稿后才发现自己的认识太浅太浅，很多民俗都只是知道一点儿皮毛而已。不但民俗了解得不多，就连揭阳方言的发音也有不太准确的地方。参观了揭阳各式住宅，参加了婚礼和丧礼，学着像揭阳女人一样“做粿”“拜老爷”，才发现自己终于开始像揭阳的女人了。

揭阳风俗的种种其实并非自创，有许多与古代中国甚至现代北方的民俗有共同之处，它的根在中原。从住宅构造、装饰的精雕细琢到婚丧礼仪庄重肃穆，都是传统文化的体现。揭阳乃至整个潮汕地区被称为“海滨邹鲁”，这是当之无愧的。由于时间、精力、水平所限，这方面的内容未能在书中作更多的探讨，只能留待以后了。

写作过程中得到了众人的帮助和支持，没有他们的协助，本书是无法完成的。感谢郑智勇先生和徐光华先生慷慨赠书，感谢树下乐社精彩的潮剧演出和乐器展览，感谢彭妙艳、张声金、吴流生、谢奕锋、蔡金河、罗巧祥、倪伟明、黄妍琳、王伟娟、罗文煜等提供了相关的资料、图片。最后，最想感谢的是家乡的亲人和那些叫得出名、叫不出名的父老乡亲，他们中有我的叔伯乃至祖辈级的长辈，也有我的同辈和晚辈，在本项目进行期间，或提供资料，或接应衣食住行，给予了很多帮助，人数众多，请恕我无法一一致谢。书中有许许多多他们的身影，正是他们践行了揭阳的传统，创造了揭阳的民俗文化，在与他们的接触中，我深深感受到了揭阳的文化，也体验到了朴实温暖的乡情。

家乡的三伯父见多识广，本来将是本书的重要编写人员，只是项目刚刚开始，三伯父便中风了。如果有他的参与，相信本书可以做得更好。

民俗的内容多种多样，由于认识水平所限，本书所收当有所疏漏。揭阳地域较广，民俗也可能略有差异，诸如此类的就无法一一兼顾了。书稿虽已杀青，但揭阳的民俗仍不断流传，如有机会，我肯定还会再写一写可爱的榕城——揭阳。

张燕芬

2014 年 4 月 13 日

于山东济南

风闻人人心自京　便问家丁说一声　□問老爷□
有也□情但我知　只是啼哭泪哀哀　家丁便共□
老爷不知只争因　去到中途遭奸臣　錦衣青□□
谁知奸臣起祸胎　假旨半路真不□　将狠老爷□
太子老爷夜門间　又無人馬在身傍　小人無奈□
风闻闹闹狠魂氣天　听有言语那是啼　放声大哭□
□慌慌忙走出来　看見娘之哭哀□　□大□□□
□□□□說因依　郎君一□□□□　□□□□□